中国饲料工业统计

2018

农业农村部畜牧兽医局
全 国 畜 牧 总 站 编
中 国 饲 料 工 业 协 会

中国农业出版社
北 京

[编 委 会]

编 者 说 明

一、《中国饲料工业统计 2018》是反映我国饲料工业生产情况的统计资料工具书，内容包括 3 个部分。第一部分为 2018 年饲料生产统计，数据由各省（自治区、直辖市）饲料部门提供。第二部分为 2018 年主要饲料原料进出口情况，数据来源于海关总署。第三部分为 2018 年全国饲料生产形势分析，由全国畜牧总站、中国饲料工业协会提供。其中，文中所提 180 家重点跟踪企业的年度饲料总产量约占全国饲料总产量的 10％。由于所选企业的规模产量高于全国平均水平的居多，故仅供趋势性参考。畜产品价格来源于全国农产品批发市场价格信息网。

二、本书所涉及的全国性统计指标未包括香港特别行政区、澳门特别行政区和台湾省数据。

三、本书部分数据合计数或相对数由于单位取舍不同而产生的计算误差均未做机械调整。

四、有关符号的说明："-"表示数据不详或无该项指标。

目　录

第一部分　2018 年饲料生产统计

2018 年全国饲料工业发展概况

2018 年是我国饲料工业波澜起伏的一年，面对中美贸易摩擦和非洲猪瘟疫情等多重挑战，全行业积极应对，采取有效措施，保持了平稳发展态势。全年饲料工业产值和产量双增长，产品结构适应性调整，行业规模化程度和集中度进一步提升，企业产业链调整重组步伐加快。

一、饲料工业总产值快速增长

全国饲料工业总产值 8 872 亿元，同比增长 5.7%；总营业收入 8 689 亿元，同比增长 6.0%。其中，饲料产品总产值 7 869 亿元、营业收入 7 753 亿元，同比分别增长 5.8%、6.2%，增速与 2017 年相比有较大幅度提高；饲料添加剂总产值 944 亿元、营业收入 875 亿元，同比分别增长 4.9%、5.3%，增幅比 2017 年大幅收窄；饲料机械总产值 59 亿元、营业收入 61 亿元，同比分别增长 1.5%、1.1%，发展态势平稳。

二、饲料总产量小幅增长

全国饲料总产量 22 788 万吨，同比增长 2.8%，产品类别和品种结构呈现不同涨跌趋势。从类别看，表现为“一增两降”。其中，配合饲料产量 20 529万吨，同比增长 4.6%；浓缩饲料产量 1 606 万吨，同比下降 13.4%；添加剂预混合饲料产量 653 万吨，同比下降 5.1%。从品种看，表现为“猪弱禽强、水产反刍快涨”。其中，猪饲料产量 9 720 万吨，占全国饲料总产量的 42.7%，同比下降 0.9%；蛋禽饲料产量2 984万吨，占全国饲料总产量的 13.1%，同比增长 1.8%；肉禽饲料产量 6 509 万吨，占全国饲料总产量的 28.6%，同比增长 8.2%；水产饲料产量 2 211 万吨，占全国饲料总产量的 9.7%，同比增长 6.3%；反刍饲料产量 1 004 万吨，占全国饲料总产量的 4.4%，同比增长 8.9%；其他饲料产量 360 万吨，占全国饲料总产量的 1.5%，同比下降 10.7%。

三、饲料添加剂产量较快增长

全国饲料添加剂产品总产量 1 095 万吨，同比增长 5.8%。其中，直接制备饲料添加剂产量 1 035 万吨，同比增长 5.3%；生产混合型饲料添加剂产量 59 万吨，同比增长 15.3%。从主要品种看，氨基酸、矿物元素及其络合物、酶制剂和微生物制剂等产品产量分别达 285 万吨、567 万吨、17 万吨和 15 万吨，同比分别增长 21.5%、13.8%、55.8%和 36.9%，酶制剂和微生物制剂等生物饲料产品呈现强劲上升势头。

四、生产规模化程度进一步提高

全国万吨规模以上饲料生产厂达 3 742 家，比 2017 年增加 196 家，饲料产量占全国饲料总产量的 94.6%，比 2017 年增长 1.6 个百分点。其中，10 万吨规模以上厂家数量达 656 家，比 2017 年增加 81 家，饲料产量占全国饲料总产量 49.7%，比 2017 年增长 5.4 个百分点。全国有 8 家单厂产量超过 50 万吨，单厂产量最大的厂家规模达 114 万吨。万吨以下厂家饲料产量占比降至 5.4%，比 2017 年下降 1.6 个百分点。

五、产业集中度继续提升

全国工业饲料十强省份合计产量占全国饲料总产量的比重为 71.3%，比 2017 年提高 1.7 个百分点。饲料产量超千万吨的省份达 11 个，比 2017 年新增 1 个；山东和广东的单省产量均首次突破 3 000 万吨，总产值分别达 1 353 亿元和 1 187 亿元，总产量和产值均比第二梯队前列的省份多 1 倍。全国有 4 家企业集团年饲料产量超过 1 000 万吨，比 2017 年增加 2 家，合计产量 4 760 万吨，占全国饲料总产量的比重为 21%。

六、企业产业链布局出现新变化

受养殖业行情和产业形势变化影响，饲料企业加快调整产业结构和产业链布局。部分以商品饲料为主的企业加大向下游养殖业发展，部分产能转为生产自用饲料，有 7 家 2017 年产百万吨的企业集团商品饲料产量降幅超过 20%。部分企业面对养殖风险大、行业竞争加剧的挑战，逐步调整经营策略，实施产业转型，发展新的业务板块，个别企业饲料产量锐减一半以上。部分企业为优化产能布局，实现产品结构多样化，扩大市场占有率，加快收购兼并步伐，不断做大做强。

全国饲料工业总产值和营业收入情况

单位：万元

地　区	饲料工业总产值	饲料工业总营业收入	饲料产品	
			总产值	营业收入
全国总计	**88 719 861**	**86 894 286**	**78 690 845**	**77 530 886**
北　京	1 062 546	1 076 277	998 359	1 012 429
天　津	1 014 686	1 029 101	987 400	1 001 293
河　北	4 424 714	4 384 475	4 251 292	4 221 056
山　西	1 019 795	934 822	1 013 844	934 352
内蒙古	1 453 740	1 410 285	967 247	964 621
辽　宁	3 931 242	3 684 841	3 735 940	3 531 554
吉　林	1 638 496	1 599 400	1 410 934	1 387 478
黑龙江	1 477 339	1 427 031	1 384 548	1 336 204
上　海	718 558	724 238	547 933	554 181
江　苏	5 820 333	5 735 203	4 644 128	4 594 792
浙　江	3 014 911	2 818 031	1 598 606	1 543 094
安　徽	2 054 837	1 947 545	1 950 030	1 844 680
福　建	3 145 334	3 113 799	2 976 397	2 969 517
江　西	3 170 163	3 430 691	2 944 564	3 168 225
山　东	13 526 949	13 322 973	10 618 257	10 671 946
河　南	3 825 491	3 500 597	3 733 901	3 426 776
湖　北	4 085 541	4 033 302	3 687 443	3 684 280
湖　南	4 796 528	4 606 360	4 628 690	4 454 431
广　东	11 866 151	11 600 371	11 649 370	11 356 810
广　西	5 102 882	5 031 534	4 993 845	4 930 108
海　南	1 084 697	1 021 622	1 084 017	1 020 939
重　庆	1 002 399	1 040 080	974 253	1 012 797
四　川	4 099 660	4 138 769	3 843 110	3 898 011
贵　州	694 841	702 059	570 292	581 035
云　南	1 915 730	1 896 101	1 388 803	1 403 575
陕　西	900 246	866 709	891 443	859 095
甘　肃	345 130	304 658	342 807	302 763
青　海	29 986	23 952	29 963	23 935
宁　夏	652 003	650 331	177 020	173 273
新　疆	844 935	839 126	666 411	667 635

全国饲料工业总产值和营业收入情况（续）

单位：万元

地　区	饲料添加剂		饲料机械	
	总产值	营业收入	总产值	营业收入
全国总计	**9 437 459**	**8 753 433**	**591 557**	**609 967**
北　京	64 187	63 847	–	–
天　津	27 286	27 808	–	–
河　北	169 105	163 091	4 317	328
山　西	5 952	470	–	–
内蒙古	486 493	445 665	–	–
辽　宁	195 302	153 287	–	–
吉　林	227 562	211 922	–	–
黑龙江	92 791	90 827	–	–
上　海	170 624	170 058	–	–
江　苏	599 287	539 182	576 918	601 228
浙　江	1 416 305	1 274 937	–	–
安　徽	104 808	102 865	–	–
福　建	168 937	144 281	–	–
江　西	225 599	262 466	–	–
山　东	2 908 692	2 651 027	–	–
河　南	91 590	73 821	–	–
湖　北	398 098	349 022	–	–
湖　南	162 672	146 475	5 165	5 454
广　东	216 781	243 561	–	–
广　西	109 037	101 426	–	–
海　南	680	684	–	–
重　庆	28 146	27 283	–	–
四　川	251 393	237 802	5 157	2 957
贵　州	124 549	121 024	–	–
云　南	526 926	492 526	–	–
陕　西	8 803	7 614	–	–
甘　肃	2 323	1 894	–	–
青　海	23	17	–	–
宁　夏	474 983	477 058	–	–
新　疆	178 524	171 491	–	–

全国饲料加工企业生产综合情况（按类别）

单位：吨

地　区	总产量	配合饲料	浓缩饲料	添加剂预混合饲料
全国总计	**227 881 954**	**205 288 410**	**16 058 934**	**6 534 611**
北　京	1 832 752	1 083 829	286 441	462 482
天　津	2 155 097	1 438 479	475 222	241 396
河　北	13 460 001	11 261 689	1 942 858	255 454
山　西	3 052 680	2 750 199	242 901	59 580
内蒙古	3 508 856	2 897 654	580 096	31 106
辽　宁	12 354 121	9 942 424	2 248 903	162 794
吉　林	4 228 866	3 467 124	675 320	86 421
黑龙江	3 465 363	1 282 209	2 114 699	68 454
上　海	1 326 965	1 016 953	100 638	209 374
江　苏	13 449 332	12 543 322	486 788	419 223
浙　江	4 071 366	3 897 500	68 727	105 140
安　徽	6 140 213	5 715 642	276 812	147 759
福　建	8 223 614	7 887 573	141 045	194 996
江　西	10 143 768	9 436 267	132 575	574 926
山　东	32 269 100	30 278 742	1 151 942	838 416
河　南	10 699 204	9 262 302	804 021	632 880
湖　北	10 691 251	10 164 946	340 280	186 025
湖　南	12 669 624	11 857 860	336 454	475 311
广　东	30 621 653	29 542 161	402 595	676 898
广　西	15 329 709	14 917 050	202 010	210 649
海　南	2 804 370	2 798 736	-	5 634
重　庆	2 981 267	2 726 931	246 340	7 996
四　川	10 856 203	10 031 557	542 315	282 331
贵　州	1 671 057	1 266 038	405 019	-
云　南	3 794 539	2 845 209	900 608	48 722
陕　西	2 620 674	1 987 904	532 395	100 375
甘　肃	951 459	739 283	202 580	9 596
青　海	86 576	83 203	815	2 559
宁　夏	497 094	381 011	103 633	12 451
新　疆	1 925 179	1 784 614	114 902	25 664

全国饲料加工企业生产综合情况（按品种）

单位：吨

地　区	总产量	猪饲料	蛋禽饲料	肉禽饲料	水产饲料	反刍饲料	其他饲料
全国总计	**227 881 954**	**97 197 975**	**29 843 272**	**65 091 394**	**22 105 835**	**10 042 894**	**3 600 584**
北　京	1 832 752	763 771	295 593	279 591	56 973	347 684	89 139
天　津	2 155 097	895 538	238 461	183 407	394 646	402 381	40 664
河　北	13 460 001	2 987 043	5 363 279	2 789 468	451 610	1 219 155	649 446
山　西	3 052 680	801 846	1 000 249	1 108 785	-	120 167	21 634
内蒙古	3 508 856	670 696	238 914	265 701	9 681	2 270 022	53 841
辽　宁	12 354 121	3 381 217	2 163 315	5 067 857	446 204	1 061 926	233 602
吉　林	4 228 866	1 499 045	1 373 644	831 706	10 526	480 700	33 246
黑龙江	3 465 363	1 498 083	313 408	573 812	49 223	863 677	167 159
上　海	1 326 965	409 240	386 842	206 599	32 739	183 921	107 623
江　苏	13 449 332	4 356 886	1 749 273	3 377 755	3 529 122	372 611	63 686
浙　江	4 071 366	1 467 980	480 354	858 251	1 076 933	84 778	103 071
安　徽	6 140 213	2 046 620	932 798	2 680 578	299 638	59 233	121 347
福　建	8 223 614	3 222 813	874 456	2 546 943	1 567 323	98	11 981
江　西	10 143 768	7 502 239	800 467	1 213 456	593 278	362	33 966
山　东	32 269 100	7 865 334	3 017 178	19 272 490	519 701	668 286	926 110
河　南	10 699 204	5 971 115	1 386 768	2 191 995	442 254	233 652	473 419
湖　北	10 691 251	4 553 432	2 530 752	804 176	2 776 149	14 356	12 386
湖　南	12 669 624	8 858 284	1 071 075	1 121 749	1 578 698	4 130	35 688
广　东	30 621 653	14 106 299	1 733 185	8 545 578	5 986 297	47 539	202 754
广　西	15 329 709	8 230 520	683 195	5 805 004	597 625	13 191	174
海　南	2 804 370	1 188 343	164 302	1 101 622	350 103	-	-
重　庆	2 981 267	1 881 601	305 388	546 917	185 641	21 853	39 866
四　川	10 856 203	7 448 070	926 381	1 611 277	626 241	114 534	129 701
贵　州	1 671 057	1 135 266	187 583	226 403	23 425	79 542	18 838
云　南	3 794 539	2 075 014	334 189	1 039 805	307 305	35 725	2 501
陕　西	2 620 674	1 377 606	680 683	313 189	39 497	204 895	4 804
甘　肃	951 459	429 409	100 560	94 400	10 714	311 619	4 757
青　海	86 576	9 360	11	-	-	77 205	-
宁　夏	497 094	106 960	61 593	45 600	33 599	245 170	4 172
新　疆	1 925 179	458 345	449 377	387 282	110 686	504 483	15 006

全国配合饲料加工企业生产情况

单位：吨、%

地　　区	猪饲料	比重	蛋禽饲料	比重	肉禽饲料	比重
全国总计	**83 281 619**	**40.6**	**25 902 265**	**12.6**	**63 194 454**	**30.8**
北　京	335 743	31.0	133 432	12.3	268 971	24.8
天　津	390 020	27.1	143 151	10.0	178 191	12.4
河　北	2 191 749	19.5	4 400 578	39.1	2 708 012	24.0
山　西	657 508	23.9	871 123	31.7	1 101 034	40.0
内蒙古	548 790	18.9	197 565	6.8	237 089	8.2
辽　宁	2 315 445	23.3	1 522 058	15.3	4 638 016	46.6
吉　林	1 135 585	32.8	1 238 931	35.7	681 007	19.6
黑龙江	518 341	40.4	74 832	5.8	31 407	2.4
上　海	182 379	17.9	335 972	33.0	200 819	19.7
江　苏	3 715 802	29.6	1 581 997	12.6	3 341 640	26.6
浙　江	1 318 586	33.8	471 555	12.1	847 249	21.7
安　徽	1 720 412	30.1	896 504	15.7	2 640 296	46.2
福　建	2 927 784	37.1	863 859	11.0	2 530 134	32.1
江　西	6 823 188	72.3	794 871	8.4	1 205 048	12.8
山　东	6 645 448	21.9	2 604 046	8.6	19 133 934	63.2
河　南	4 803 885	51.9	1 177 412	12.7	2 162 174	23.3
湖　北	4 128 677	40.6	2 452 666	24.1	798 275	7.9
湖　南	8 127 277	68.5	1 019 874	8.6	1 101 681	9.3
广　东	13 316 029	45.1	1 697 752	5.7	8 503 662	28.8
广　西	7 960 123	53.4	675 513	4.5	5 676 306	38.1
海　南	1 183 158	42.3	164 302	5.9	1 101 622	39.4
重　庆	1 654 469	60.7	282 325	10.4	545 229	20.0
四　川	6 776 472	67.6	870 239	8.7	1 589 734	15.8
贵　州	754 801	59.6	185 584	14.7	220 514	17.4
云　南	1 202 177	42.3	297 495	10.5	1 013 417	35.6
陕　西	1 135 590	57.1	406 224	20.4	254 698	12.8
甘　肃	344 367	46.6	77 747	10.5	78 852	10.7
青　海	9 082	10.9	10	0.0	-	0.0
宁　夏	61 125	16.0	51 947	13.6	32 489	8.5
新　疆	397 608	22.3	412 699	23.1	372 953	20.9

全国配合饲料加工企业生产情况（续）

单位：吨、%

地　　区	水产饲料	比重	精料补充料	比重	其他饲料	比重
全国总计	**21 769 835**	**10.6**	**7 794 755**	**3.8**	**3 345 483**	**1.6**
北　京	43 938	4.1	223 099	20.6	78 646	7.3
天　津	390 593	27.2	301 428	21.0	35 097	2.4
河　北	448 821	4.0	897 964	8.0	614 564	5.5
山　西	-	0.0	99 686	3.6	20 848	0.8
内蒙古	9 614	0.3	1 854 070	64.0	50 525	1.7
辽　宁	437 487	4.4	844 927	8.5	184 491	1.9
吉　林	9 021	0.3	371 733	10.7	30 847	0.9
黑龙江	40 597	3.2	451 186	35.2	165 846	12.9
上　海	30 475	3.0	161 163	15.8	106 145	10.4
江　苏	3 513 993	28.0	327 282	2.6	62 609	0.5
浙　江	1 072 498	27.5	84 558	2.2	103 054	2.6
安　徽	295 270	5.2	53 580	0.9	109 580	1.9
福　建	1 553 773	19.7	98	0.0	11 925	0.2
江　西	592 118	6.3	221	0.0	20 821	0.2
山　东	513 271	1.7	510 828	1.7	871 215	2.9
河　南	439 784	4.7	210 770	2.3	468 278	5.1
湖　北	2 761 367	27.2	13 151	0.1	10 810	0.1
湖　南	1 572 097	13.3	1 364	0.0	35 567	0.3
广　东	5 817 486	19.7	45 719	0.2	161 513	0.5
广　西	591 743	4.0	13 191	0.1	174	0.0
海　南	349 654	12.5	-	0.0	-	0.0
重　庆	185 583	6.8	19 464	0.7	39 861	1.5
四　川	581 684	5.8	86 581	0.9	126 847	1.3
贵　州	23 425	1.9	70 831	5.6	10 884	0.9
云　南	304 423	10.7	25 200	0.9	2 497	0.1
陕　西	38 100	1.9	148 772	7.5	4 520	0.2
甘　肃	10 714	1.4	223 534	30.2	4 068	0.6
青　海	-	0.0	74 110	89.1	-	0.0
宁　夏	33 599	8.8	199 299	52.3	2 552	0.7
新　疆	108 706	6.1	480 948	26.9	11 701	0.7

全国浓缩饲料加工企业生产情况

单位：吨、%

地　　区	猪饲料	比重	蛋禽饲料	比重	肉禽饲料	比重
全国总计	**10 017 607**	**62.4**	**2 521 089**	**15.7**	**1 565 343**	**9.7**
北　　京	246 972	86.2	9 195	3.2	2 598	0.9
天　　津	400 924	84.4	11 060	2.3	287	0.1
河　　北	711 473	36.6	869 496	44.8	72 402	3.7
山　　西	105 045	43.2	116 856	48.1	1 531	0.6
内 蒙 古	112 029	19.3	40 180	6.9	28 382	4.9
辽　　宁	1 011 165	45.0	590 533	26.3	391 940	17.4
吉　　林	340 928	50.5	112 668	16.7	139 747	20.7
黑 龙 江	960 290	45.4	213 935	10.1	541 497	25.6
上　　海	98 168	97.5	265	0.3	354	0.4
江　　苏	426 362	87.6	19 140	3.9	10 441	2.1
浙　　江	68 209	99.2	241	0.4	277	0.4
安　　徽	218 457	78.9	15 442	5.6	29 760	10.8
福　　建	133 906	94.9	1 442	1.0	5 615	4.0
江　　西	121 372	91.5	169	0.1	438	0.3
山　　东	934 229	81.1	43 398	3.8	87 621	7.6
河　　南	646 504	80.4	111 838	13.9	25 384	3.2
湖　　北	332 928	97.8	3 746	1.1	-	-
湖　　南	311 195	92.5	15 083	4.5	10 133	3.0
广　　东	365 750	90.8	2 048	0.5	8 294	2.1
广　　西	124 718	61.7	39	0.02	77 253	38.2
海　　南	-	-	-	-	-	-
重　　庆	219 810	89.2	22 587	9.2	1 673	0.7
四　　川	509 040	93.9	18 329	3.4	1 234	0.2
贵　　州	380 465	93.9	2 000	0.5	5 889	1.5
云　　南	856 455	95.1	7 996	0.9	25 145	2.8
陕　　西	204 747	38.5	232 664	43.7	56 215	10.6
甘　　肃	83 634	41.3	21 139	10.4	15 223	7.5
青　　海	-	-	-	-	-	-
宁　　夏	41 678	40.2	8 274	8.0	12 913	12.5
新　　疆	51 156	44.5	31 326	27.3	13 096	11.4

全国浓缩饲料加工企业生产情况（续）

单位：吨、%

地区	水产饲料	比重	反刍动物饲料	比重	其他饲料	比重
全国总计	**35 401**	**0.2**	**1 791 983**	**11.2**	**127 511**	**0.8**
北　京	-	-	26 473	9.2	1 204	0.4
天　津	-	-	60 239	12.7	2 711	0.6
河　北	-	-	264 102	13.6	25 386	1.3
山　西	-	-	19 114	7.9	355	0.1
内蒙古	-	-	399 469	68.9	36	0.01
辽　宁	5 385	0.2	207 579	9.2	42 301	1.9
吉　林	-	-	79 627	11.8	2 351	0.3
黑龙江	8 592	0.4	389 739	18.4	647	0.03
上　海	-	-	1 851	1.8	-	-
江　苏	183	0.04	30 661	6.3	-	-
浙　江	-	-	-	-	-	-
安　徽	2 512	0.9	3 286	1.2	7 355	2.7
福　建	82	0.1	-	-	-	-
江　西	181	0.1	-	-	10 415	7.9
山　东	482	0.04	78 409	6.8	7 803	0.7
河　南	-	-	17 125	2.1	3 171	0.4
湖　北	2 401	0.7	1 206	0.4	-	-
湖　南	-	-	43	0.01	-	-
广　东	12 285	3.1	-	-	14 218	3.5
广　西	-	-	-	-	-	-
海　南	-	-	-	-	-	-
重　庆	-	-	2 269	0.9	-	-
四　川	-	-	13 711	2.5	-	-
贵　州	-	-	8 711	2.2	7 954	2.0
云　南	1 854	0.2	9 154	1.0	4	0.000 4
陕　西	-	-	38 770	7.3	-	-
甘　肃	-	-	81 895	40.4	690	0.3
青　海	-	-	815	100.0	-	-
宁　夏	-	-	39 858	38.5	910	0.9
新　疆	1 446	1.3	17 878	15.6	-	-

全国添加剂预混合饲料加工企业生产情况

单位：吨、%

地　区	猪饲料	比重	蛋禽饲料	比重	肉禽饲料	比重
全国总计	**3 898 750**	**59.7**	**1 419 918**	**21.7**	**331 598**	**5.1**
北　京	181 057	39.1	152 966	33.1	8 022	1.7
天　津	104 594	43.3	84 250	34.9	4 928	2.0
河　北	83 821	32.8	93 204	36.5	9 055	3.5
山　西	39 293	65.9	12 270	20.6	6 219	10.4
内蒙古	9 878	31.8	1 169	3.8	229	0.7
辽　宁	54 607	33.5	50 725	31.2	37 901	23.3
吉　林	22 531	26.1	22 046	25.5	10 952	12.7
黑龙江	19 453	28.4	24 641	36.0	907	1.3
上　海	128 694	61.5	50 605	24.2	5 426	2.6
江　苏	214 721	51.2	148 136	35.3	25 674	6.1
浙　江	81 185	77.2	8 558	8.1	10 725	10.2
安　徽	107 751	72.9	20 853	14.1	10 522	7.1
福　建	161 123	82.6	9 155	4.7	11 193	5.7
江　西	557 679	97.0	5 426	0.9	7 971	1.4
山　东	285 657	34.1	369 734	44.1	50 935	6.1
河　南	520 727	82.3	97 518	15.4	4 437	0.7
湖　北	91 827	49.4	74 340	40.0	5 901	3.2
湖　南	419 812	88.3	36 118	7.6	9 935	2.1
广　东	424 521	62.7	33 384	4.9	33 622	5.0
广　西	145 679	69.2	7 643	3.6	51 445	24.4
海　南	5 185	92.0	-	-	-	-
重　庆	7 322	91.6	475	5.9	15	0.2
四　川	162 558	57.6	37 812	13.4	20 309	7.2
贵　州	-	-	-	-	-	-
云　南	16 381	33.6	28 698	58.9	1 243	2.6
陕　西	37 269	37.1	41 795	41.6	2 276	2.3
甘　肃	1 408	14.7	1 674	17.4	324	3.4
青　海	278	10.9	1	0.05	-	-
宁　夏	4 157	33.4	1 371	11.0	198	1.6
新　疆	9 582	37.3	5 352	20.9	1 233	4.8

全国添加剂预混合饲料加工企业生产情况（续）

单位：吨、%

地 区	水产饲料	比重	反刍动物饲料	比重	其他饲料	比重
全国总计	**300 599**	**4.6**	**456 156**	**7.0**	**127 590**	**2.0**
北 京	13 035	2.8	98 113	21.2	9 289	2.0
天 津	4 053	1.7	40 714	16.9	2 856	1.2
河 北	2 789	1.1	57 088	22.3	9 496	3.7
山 西	-	-	1 367	2.3	432	0.7
内蒙古	67	0.2	16 483	53.0	3 280	10.5
辽 宁	3 332	2.0	9 420	5.8	6 809	4.2
吉 林	1 505	1.7	29 340	34.0	48	0.1
黑龙江	35	0.1	22 752	33.2	667	1.0
上 海	2 264	1.1	20 907	10.0	1 478	0.7
江 苏	14 947	3.6	14 668	3.5	1 077	0.3
浙 江	4 435	4.2	220	0.2	17	0.02
安 徽	1 855	1.3	2 366	1.6	4 411	3.0
福 建	13 469	6.9	-	-	56	0.03
江 西	979	0.2	140	0.02	2 730	0.5
山 东	5 949	0.7	79 049	9.4	47 092	5.6
河 南	2 471	0.4	5 757	0.9	1 971	0.3
湖 北	12 382	6.7	-	-	1 575	0.8
湖 南	6 601	1.4	2 723	0.6	121	0.03
广 东	156 527	23.1	1 820	0.3	27 023	4.0
广 西	5 882	2.8	-	-	-	-
海 南	449	8.0	-	-	-	-
重 庆	58	0.7	120	1.5	5	0.1
四 川	44 557	15.8	14 241	5.0	2 854	1.0
贵 州	-	-	-	-	-	-
云 南	1 029	2.1	1 371	2.8	-	-
陕 西	1 397	1.4	17 353	17.3	285	0.3
甘 肃	-	-	6 190	64.5	-	-
青 海	-	-	2 280	89.1	-	-
宁 夏	-	-	6 013	48.3	710	5.7
新 疆	535	2.1	5 657	22.0	3 306	12.9

全国饲料添加剂产量情况

单位：吨

地　　区	饲料添加剂产品总产量	直接制备饲料添加剂	生产混合型饲料添加剂
全国总计	**10 945 291**	**10 353 371**	**591 920**
北　　京	26 211	5 451	20 761
天　　津	37 124	33 509	3 615
河　　北	237 575	213 053	24 522
山　　西	21 533	18 000	3 532
内 蒙 古	780 798	731 338	49 460
辽　　宁	204 920	160 570	44 350
吉　　林	325 470	323 714	1 756
黑 龙 江	364 974	360 169	4 805
上　　海	50 619	10 726	39 893
江　　苏	541 585	467 292	74 293
浙　　江	201 549	195 761	5 788
安　　徽	150 240	143 913	6 327
福　　建	63 099	58 422	4 677
江　　西	163 952	142 430	21 522
山　　东	1 852 134	1 760 954	91 179
河　　南	107 553	93 755	13 798
湖　　北	746 367	716 583	29 784
湖　　南	382 576	371 441	11 135
广　　东	145 058	60 175	84 883
广　　西	297 661	291 091	6 569
海　　南	807	411	395
重　　庆	23 907	11 039	12 869
四　　川	906 337	874 991	31 346
贵　　州	513 354	513 354	-
云　　南	2 016 569	2 015 476	1 093
陕　　西	21 467	18 146	3 321
甘　　肃	988	973	15
青　　海	99	-	99
宁　　夏	377 709	377 709	-
新　　疆	383 058	382 926	132

全国饲料添加剂产量情况（续 1）

单位：吨

地　区	氨基酸		维生素		矿物元素及其络合物	
	饲料添加剂	混合型饲料添加剂	饲料添加剂	混合型饲料添加剂	饲料添加剂	混合型饲料添加剂
全国总计	**2 834 871**	**18 263**	**1 032 670**	**76 797**	**5 614 042**	**58 635**
北　京	20	-	2 341	4 129	-	87
天　津	-	4	67	29	697	1 147
河　北	3 605	41	79 521	5 906	105 763	1 539
山　西	860	14	-	27	16 804	3
内蒙古	683 124	17 194	1 708	131	17 357	35
辽　宁	77 785	1	5 527	39 420	67 000	973
吉　林	304 211	-	9 878	5	9 601	-
黑龙江	354 049	3	-	126	353	71
上　海	105	-	7 845	2 718	-	125
江　苏	153 261	276	65 853	163	109 838	306
浙　江	21 168	7	143 520	202	15 121	112
安　徽	87 512	-	9 264	20	12 968	224
福　建	54	15	2 885	106	58	-
江　西	433	5	14 003	21	113 481	522
山　东	408 436	46	622 161	18 234	435 599	10 799
河　南	7 769	128	3 382	567	30 898	23
湖　北	17 393	2	25 867	197	642 379	496
湖　南	13	62	9 568	41	309 207	3 023
广　东	7	445	6 353	4 551	36 538	18 586
广　西	-	14	-	-	251 330	3 655
海　南	-	1	-	-	-	-
重　庆	-	-	1 107	50	9 931	120
四　川	1 217	3	4 208	8	861 709	15 675
贵　州	-	-	-	-	513 338	-
云　南	52	-	1 067	-	2 010 457	61
陕　西	-	2	-	147	18 064	868
甘　肃	-	-	-	-	-	-
青　海	-	-	-	-	-	53
宁　夏	342 290	-	16 547	-	17 966	-
新　疆	371 505	-	-	-	7 584	131

全国饲料添加剂产量情况（续 2）

单位：吨

地　　区	酶制剂		抗氧化剂		防腐剂、防霉剂	
	饲料添加剂	混合型饲料添加剂	饲料添加剂	混合型饲料添加剂	饲料添加剂	混合型饲料添加剂
全国总计	**119 761**	**46 897**	**20 874**	**52 170**	**424 674**	**117 490**
北　　京	-	3 606	-	151	-	1 493
天　　津	5 036	55	-	80	6 929	449
河　　北	10 023	255	-	23	1 262	494
山　　西	105	-	-	-	18	21
内 蒙 古	1 674	8 886	-	-	27 275	146
辽　　宁	650	191	-	-	-	551
吉　　林	-	-	-	-	-	-
黑 龙 江	2 955	129	-	-	-	259
上　　海	40	1 416	2 736	10 678	-	17 014
江　　苏	60 669	437	16 975	34 202	16 138	20 207
浙　　江	890	83	-	727	1 965	709
安　　徽	-	4	1	52	28 820	3 855
福　　建	1 096	137	-	569	4 400	765
江　　西	122	21	-	384	12 456	17 316
山　　东	21 737	5 893	-	684	251 282	3 857
河　　南	3 183	470	-	-	44 785	281
湖　　北	1 416	18 243	843	-	16 801	1 509
湖　　南	4 627	3 161	230	366	3 631	480
广　　东	14	2 816	29	3 403	1 125	30 610
广　　西	1 067	46	-	60	6 886	2 525
海　　南	-	-	-	-	-	
重　　庆	-	-	-	677	-	8 772
四　　川	2 172	488	23	51	899	6 029
贵　　州	-	-	16	-	-	-
云　　南	812	533	22	-	2	-
陕　　西	-	11	-	63	-	110
甘　　肃	650	15	-	-	-	-
青　　海	-	-	-	-	-	38
宁　　夏	775	-	-	-	-	-
新　　疆	51	-	-	-	-	-

全国饲料添加剂产量情况（续 3）

单位：吨

地区	微生物制剂		其他	
	饲料添加剂	混合型饲料添加剂	饲料添加剂	混合型饲料添加剂
全国总计	**50 076**	**96 034**	**256 403**	**125 634**
北　京	3 090	1 611	-	9 684
天　津	-	703	20 778	1 149
河　北	9 263	6 816	3 616	9 448
山　西	38	3 410	176	57
内蒙古	171	9 969	29	13 098
辽　宁	558	1 581	9 050	1 634
吉　林	12	1 249	12	503
黑龙江	1 624	1 751	1 189	2 464
上　海	-	1 619	-	6 322
江　苏	870	1 585	43 689	17 116
浙　江	945	2 714	12 151	1 235
安　徽	42	939	5 305	1 232
福　建	249	867	49 681	2 218
江　西	319	1 893	1 616	1 360
山　东	17 861	35 080	3 879	16 586
河　南	3 606	5 998	132	6 330
湖　北	7 946	4 173	3 939	5 163
湖　南	311	3 081	43 853	921
广　东	572	6 394	15 535	18 078
广　西	1 203	250	30 605	20
海　南	72	383	339	11
重　庆	-	229	-	3 021
四　川	277	1 301	4 488	7 792
贵　州	-	-	-	-
云　南	208	499	2 857	-
陕　西	81	1 938	-	183
甘　肃	323	-	-	-
青　海	-	-	-	9
宁　夏	-	-	132	-
新　疆	434	2	3 352	-

全国饲料添加剂单项产品生产情况

单位：吨

地　区	赖氨酸	蛋氨酸	苏氨酸	色氨酸
全国总计	**1 218 578**	**261 718**	**630 386**	**17 445**
北　京	–	8	–	–
天　津	–	–	–	–
河　北	–	210	331	–
山　西	–	–	–	–
内蒙古	37 330	–	346 149	2 443
辽　宁	34 259	–	18 538	–
吉　林	281 176	–	23 035	–
黑龙江	38 200	–	112 056	–
上　海	–	–	–	–
江　苏	4 360	146 000	–	–
浙　江	–	127	2 883	2 978
安　徽	–	–	288	–
福　建	–	–	54	–
江　西	–	–	–	–
山　东	293 789	63 747	–	3
河　南	–	–	–	7 143
湖　北	–	–	–	–
湖　南	–	12	–	–
广　东	7	–	–	–
广　西	–	–	–	–
海　南	–	–	–	–
重　庆	–	–	–	–
四　川	–	2	–	–
贵　州	–	–	–	–
云　南	4	2	2	22
陕　西	–	–	–	–
甘　肃	–	–	–	–
青　海	–	–	–	–
宁　夏	236 528	51 609	53 591	562
新　疆	292 925	–	73 460	4 295

全国饲料添加剂单项产品生产情况（续 1）

单位：吨

地　区	氯化胆碱	维生素 A	维生素 E	维生素 B_{12}	维生素 B_2	维生素 C
全国总计	**577 301**	**4 867**	**86 890**	**605**	**6 113**	**34 849**
北　京	9	–	–	–	–	2 261
天　津	–	–	–	–	–	–
河　北	59 166	–	–	150	131	2 093
山　西	–	–	–	–	–	–
内蒙古	–	–	–	–	1 281	127
辽　宁	1 977	–	–	–	–	–
吉　林	–	–	7 979	–	–	–
黑龙江	–	–	–	–	–	–
上　海	–	–	–	–	–	–
江　苏	24 535	–	69	–	–	3 402
浙　江	648	4 865	54 524	–	27	6 456
安　徽	–	–	–	–	–	–
福　建	–	–	548	–	–	–
江　西	–	–	–	–	1	–
山　东	490 951	–	–	6	2 310	3 286
河　南	–	–	–	–	2 262	1 120
湖　北	–	–	23 768	–	97	–
湖　南	12	–	–	–	–	–
广　东	–	–	–	–	–	–
广　西	–	–	–	–	–	–
海　南	–	–	–	–	–	–
重　庆	–	–	–	–	2	–
四　川	–	–	–	–	–	1
贵　州	–	–	–	–	–	–
云　南	2	2	2	2	2	2
陕　西	–	–	–	–	–	–
甘　肃	–	–	–	–	–	–
青　海	–	–	–	–	–	–
宁　夏	–	–	–	447	–	16 100
新　疆	–	–	–	–	–	–

全国饲料添加剂单项产品生产情况（续2）

单位：吨

地　区	硫酸铜	硫酸亚铁	硫酸锌	硫酸锰	磷酸氢钙
全国总计	**20 729**	**114 036**	**62 041**	**143 708**	**3 580 261**
北　京	-	-	-	-	-
天　津	-	-	-	-	-
河　北	-	-	-	880	21 200
山　西	-	-	-	-	-
内蒙古	-	-	-	297	11 700
辽　宁	1 174	-	-	1 164	-
吉　林	-	-	-	-	9 601
黑龙江	-	-	-	-	-
上　海	-	-	-	-	-
江　苏	150	-	-	-	67
浙　江	-	-	-	-	-
安　徽	-	-	-	-	-
福　建	-	-	-	58	-
江　西	1 110	-	25 698	1 125	-
山　东	161	-	-	81	68 694
河　南	-	-	-	-	-
湖　北	-	-	-	-	355 480
湖　南	4 411	-	-	40 147	-
广　东	12 742	-	-	484	-
广　西	335	37 814	29 100	84 222	96 980
海　南	-	-	-	-	-
重　庆	-	-	-	-	-
四　川	389	76 220	2 082	14 505	616 406
贵　州	-	-	-	680	430 462
云　南	257	2	2	66	1 969 670
陕　西	-	-	-	-	-
甘　肃	-	-	-	-	-
青　海	-	-	-	-	-
宁　夏	-	-	5 159	-	-
新　疆	-	-	-	-	-

全国饲料机械工业设备企业生产情况

单位：台、套

地区	成套机组			单机				
	小计	时产≥10吨	时产＜10吨	小计	粉碎机	混合机	制粒机	其他
全国总计	**2 894**	**787**	**2 107**	**32 708**	**2 432**	**2 154**	**4 588**	**23 534**
北京	–	–	–	–	–	–	–	–
天津	–	–	–	–	–	–	–	–
河北	5	5	0	14	5	4	5	0
山西	–	–	–	–	–	–	–	–
内蒙古	–	–	–	–	–	–	–	–
辽宁	–	–	–	–	–	–	–	–
吉林	–	–	–	–	–	–	–	–
黑龙江	–	–	–	–	–	–	–	–
上海	–	–	–	–	–	–	–	–
江苏	2 817	750	2 067	29 936	1 692	1 941	4 495	21 808
浙江	–	–	–	–	–	–	–	–
安徽	–	–	–	–	–	–	–	–
福建	–	–	–	–	–	–	–	–
江西	–	–	–	–	–	–	–	–
山东	–	–	–	–	–	–	–	–
河南	–	–	–	–	–	–	–	–
湖北	–	–	–	–	–	–	–	–
湖南	19	19	0	470	470	0	0	0
广东	–	–	–	–	–	–	–	–
广西	–	–	–	–	–	–	–	–
海南	–	–	–	–	–	–	–	–
重庆	–	–	–	–	–	–	–	–
四川	53	13	40	2 288	265	209	88	1 726
贵州	–	–	–	–	–	–	–	–
云南	–	–	–	–	–	–	–	–
陕西	–	–	–	–	–	–	–	–
甘肃	–	–	–	–	–	–	–	–
青海	–	–	–	–	–	–	–	–
宁夏	–	–	–	–	–	–	–	–
新疆	–	–	–	–	–	–	–	–

全国饲料大宗原料消费情况

单位：吨

地　　区	总消耗量	玉米	小麦	鱼粉	豆粕
全国总计	**200 903 854**	**113 141 557**	**1 737 513**	**2 515 377**	**37 804 007**
北　　京	918 108	401 310	12 692	12 930	269 451
天　　津	1 518 959	454 951	5 520	42 706	427 202
河　　北	11 749 756	6 635 372	63 860	57 087	2 122 331
山　　西	4 927 427	2 388 438	5 177	12 136	1 186 085
内 蒙 古	2 697 919	1 245 289	3 300	3 498	428 328
辽　　宁	9 166 936	4 884 192	5 973	70 978	2 511 349
吉　　林	2 655 732	1 497 669	1 473	20 274	711 625
黑 龙 江	4 469 459	2 185 301	1 132	16 559	1 274 670
上　　海	648 505	247 284	17 948	8 057	140 229
江　　苏	17 808 789	10 986 597	251 661	213 366	2 980 651
浙　　江	2 969 737	1 310 925	31 185	184 068	548 375
安　　徽	4 875 036	2 651 199	122 558	14 434	807 799
福　　建	5 175 073	2 509 642	57 700	246 972	1 187 417
江　　西	8 031 309	4 197 827	61 047	231 266	1 371 326
山　　东	24 651 805	14 257 522	230 459	83 456	4 428 782
河　　南	21 107 659	17 148 653	165 660	109 985	1 699 509
湖　　北	7 602 848	3 526 659	153 622	69 998	1 539 318
湖　　南	9 565 521	4 891 067	169 716	101 769	1 801 784
广　　东	22 680 971	10 914 827	101 739	722 062	4 431 673
广　　西	11 980 057	7 355 732	146 794	55 051	2 194 972
海　　南	2 705 468	1 430 779	12 224	27 315	512 600
重　　庆	2 631 760	1 471 520	21 760	25 347	575 124
四　　川	10 082 807	5 588 190	65 517	95 918	1 955 916
贵　　州	1 696 695	897 744	1 645	12 847	529 100
云　　南	3 255 477	1 410 451	14 974	56 036	1 203 587
陕　　西	2 189 280	1 101 214	6 339	12 187	498 131
甘　　肃	753 930	388 410	3 545	2 571	167 258
青　　海	84 893	47 785	-	305	5 083
宁　　夏	691 470	166 406	131	1 210	104 655
新　　疆	1 610 467	948 604	2 162	4 986	189 676

全国饲料大宗原料消费情况（续）

单位：吨

地区	棉籽粕	菜籽粕	其他饼粕	磷酸氢钙	其他
全国总计	**2 605 910**	**3 802 055**	**3 643 060**	**2 669 319**	**32 985 056**
北京	13 368	7 064	15 314	41 344	144 634
天津	50 609	42 540	50 593	43 771	401 068
河北	400 204	100 502	481 537	119 389	1 769 473
山西	368 466	326 818	20 294	24 776	595 236
内蒙古	147 735	38 340	119 352	23 984	688 092
辽宁	101 239	68 364	174 863	108 136	1 241 843
吉林	16 878	1 429	47 484	36 389	322 510
黑龙江	31 642	5 252	73 553	53 764	827 587
上海	1 040	10 827	7 812	23 260	192 047
江苏	197 403	353 925	264 007	130 505	2 430 674
浙江	41 734	66 423	40 773	22 884	723 370
安徽	37 734	45 844	113 055	76 434	1 005 980
福建	5 712	136 345	62 511	115 828	852 946
江西	16 144	146 165	88 315	386 077	1 533 142
山东	245 117	38 292	783 147	355 518	4 229 511
河南	61 165	19 648	145 121	239 766	1 518 153
湖北	99 803	339 223	236 855	92 861	1 544 509
湖南	107 590	290 478	168 855	98 103	1 936 160
广东	44 812	1 073 689	293 897	174 735	4 923 537
广西	34 091	285 525	115 265	215 717	1 576 908
海南	3 547	110 263	33 037	21 476	554 227
重庆	40 117	36 468	22 186	23 111	416 128
四川	153 486	130 344	129 909	99 931	1 863 595
贵州	20 122	13 678	7 010	22 739	191 810
云南	73 698	61 127	33 135	46 281	356 189
陕西	83 185	26 475	38 436	39 080	384 232
甘肃	47 109	7 466	11 577	9 483	116 512
青海	5 181	6 397	328	657	19 158
宁夏	25 993	4 193	7 865	6 635	374 382
新疆	130 987	8 947	56 975	16 685	251 445

全国饲料企业年末职工人数情况

单位：人

地　区	职工总数	其中职工学历构成				
		博士	硕士	大学本科	大学专科	其他
全国总计	**802 885**	**4 489**	**16 036**	**111 473**	**177 885**	**493 002**
北　京	8 608	117	451	1 954	2 099	3 987
天　津	12 337	66	361	3 175	3 360	5 375
河　北	42 165	279	720	5 297	10 034	25 835
山　西	11 024	32	113	1 147	2 261	7 471
内蒙古	33 982	81	331	4 309	9 540	19 721
辽　宁	29 800	626	448	3 744	6 217	18 765
吉　林	23 160	59	286	3 032	4 506	15 277
黑龙江	21 547	76	291	2 861	4 673	13 646
上　海	5 342	68	439	1 379	1 101	2 355
江　苏	52 640	202	1 110	8 569	13 074	29 685
浙　江	32 626	145	1 133	6 290	7 835	17 223
安　徽	20 028	76	264	2 435	4 358	12 895
福　建	21 185	101	400	2 995	3 730	13 959
江　西	23 049	88	358	3 273	5 334	13 996
山　东	112 332	437	2 263	14 015	26 242	69 375
河　南	38 947	233	704	5 066	10 373	22 571
湖　北	44 497	137	865	6 846	9 088	27 561
湖　南	26 657	166	544	4 525	6 071	15 351
广　东	59 191	308	1 452	9 031	11 308	37 092
广　西	26 399	34	214	3 129	5 181	17 841
海　南	2 784	3	29	390	487	1 875
重　庆	8 234	52	133	1 166	1 563	5 320
四　川	36 450	123	428	3 617	6 149	26 133
贵　州	4 579	20	59	685	1 070	2 745
云　南	64 639	859	2 179	6 843	11 320	43 438
陕　西	10 710	40	175	1 402	3 119	5 974
甘　肃	3 648	24	70	746	921	1 887
青　海	439	3	10	59	89	278
宁　夏	8 171	22	100	1 302	2 620	4 127
新　疆	17 715	12	106	2 191	4 162	11 244

全国饲料企业年末职工人数情况（续）

单位：人

地　区	其中技术工种人员构成		
	小计	检验员、化验员	维修工
全国总计	**72 441**	**37 201**	**35 240**
北　京	592	372	220
天　津	1 299	562	737
河　北	5 068	2 719	2 349
山　西	1 117	589	528
内蒙古	3 036	1 566	1 470
辽　宁	3 176	1 737	1 439
吉　林	3 212	1 447	1 765
黑龙江	2 403	1 126	1 277
上　海	484	299	185
江　苏	5 089	2 544	2 545
浙　江	3 085	1 993	1 092
安　徽	2 095	974	1 121
福　建	1 889	1 016	873
江　西	1 664	915	749
山　东	9 729	5 383	4 346
河　南	3 543	1 901	1 642
湖　北	3 067	1 433	1 634
湖　南	2 462	1 227	1 235
广　东	4 866	2 465	2 401
广　西	2 511	1 105	1 406
海　南	258	119	139
重　庆	791	397	394
四　川	3 184	1 572	1 612
贵　州	430	191	239
云　南	3 383	1 523	1 860
陕　西	891	515	376
甘　肃	325	165	160
青　海	69	35	34
宁　夏	928	497	431
新　疆	1 795	814	981

饲料工业出口产品信息

单位：万元、吨、台（套）

地　　区	总出口额	饲料产品		饲料添加剂	
		出口量	出口额	出口量	出口额
全国总计	**3 112 319**	**147 477**	**107 727**	**2 592 360**	**2 551 758**
北　　京	5 050	384	1 069	1 727	3 981
天　　津	7 369	8 743	5 138	5 808	2 231
河　　北	53 438	610	224	43 085	41 426
山　　西	-	-	-	-	-
内 蒙 古	274 322	1 313	437	416 986	262 181
辽　　宁	116 484	22 779	4 716	71 324	88 769
吉　　林	115 453	-	-	129 748	95 557
黑 龙 江	69 767	6	27	127 070	65 640
上　　海	8 407	55	219	4 969	8 189
江　　苏	240 217	14 967	2 863	76 615	126 822
浙　　江	694 566	12 888	6 710	71 116	627 259
安　　徽	79 739	-	-	61 577	45 238
福　　建	70 364	41 282	42 555	1 646	3 073
江　　西	51 694	11 540	3 109	17 575	48 578
山　　东	648 116	6 027	17 978	517 180	516 099
河　　南	15 417	579	213	1 397	15 132
湖　　北	99 737	-	-	67 208	99 737
湖　　南	26 593	15 186	3 891	22 928	22 628
广　　东	41 841	7 521	16 213	7 352	24 037
广　　西	66 846	1 573	923	69 883	30 485
海　　南	-	-		-	-
重　　庆	10 125	454	419	3 285	9 706
四　　川	20 931	308	692	19 749	19 505
贵　　州	49 444	-	-	180 225	49 444
云　　南	95 940	-	-	370 934	95 940
陕　　西	7	20	7	-	-
甘　　肃	180	626	180	-	-
青　　海	-	-	-	-	-
宁　　夏	142 732	2	14	142 244	142 688
新　　疆	107 541	616	130	160 729	107 412

饲料工业出口产品信息（续）

单位：万元、吨、台（套）

地　区	单一饲料		饲料机械	
	出口量	出口额	出口量	出口额
全国总计	**1 431 867**	**383 778**	**11 915**	**68 984**
北　京	-	-	-	-
天　津	-	-	-	-
河　北	67 348	11 788	-	-
山　西	-	-	-	-
内蒙古	57 648	11 703	-	-
辽　宁	136 786	22 999	-	-
吉　林	124 131	19 896	-	-
黑龙江	24 035	4 100	-	-
上　海	-	-	-	-
江　苏	94 506	41 547	11 915	68 984
浙　江	213 047	60 596	-	-
安　徽	33 909	34 501	-	-
福　建	72 208	24 736	-	-
江　西	18	8	-	-
山　东	505 036	114 039	-	-
河　南	400	-	-	-
湖　北	-	-	-	-
湖　南	200	73	-	-
广　东	5 484	1 591	-	-
广　西	95 241	35 437	-	-
海　南	-	-	-	-
重　庆	-	-	-	-
四　川	1 820	735	-	-
贵　州	-	-	-	-
云　南	-	-	-	-
陕　西	-	-	-	-
甘　肃	-	-	-	-
青　海	-	-	-	-
宁　夏	50	30	-	-
新　疆	-	-	-	-

第二部分　2018 年主要饲料原料进出口情况

2018 年主要饲料原料进出口情况

	出口数量（吨）	同比（%）	进口数量（吨）	同比（%）
玉米	12 191.7	−85.8	3 524 200.3	24.7
大豆	136 096.6	19.5	88 064 446.3	−7.8
豆粕	1 134 261.6	16.6	22 810.4	−62.7
饲料用鱼粉	127.3	−67.5	1 458 500.8	−7.4
赖氨酸	405 402.6	8.7	1 335.9	−36.4
	出口金额（万美元）	同比（%）	进口金额（万美元）	同比（%）
玉米	599.2	−83.5	78 883.8	89.1
大豆	10 220.2	−3.5	3 814 024.7	17.8
豆粕	54 873.0	41.6	1 418.9	−61.1
饲料用鱼粉	14.7	−89.4	221 893.2	15.8
赖氨酸	45 057.2	23.7	370.2	−5.9

2018 年各月玉米进出口情况

月份	出口数量（吨）	同比（%）	进口数量（吨）	同比（%）
1 月	491.5	9 921.6	392 234.5	146.7
2 月	233.1	−42.1	102 552.5	−28.1
3 月	46.4	−95.5	63 000.5	1 078.9
4 月	408.4	−93.2	379 168.0	12 090.8
5 月	1 423.2	−92.1	755 453.7	1 683.3
6 月	3 307.6	−70.8	515 333.7	34.5
7 月	961.9	−95.8	331 832.3	−63.7
8 月	1 461.6	−89.9	326 799.2	−13.5
9 月	798.6	−51.3	41 408.6	−83.4
10 月	816.0	−66.2	80 920.1	9.9
11 月	553.9	−69.7	118 404.5	438.7
12 月	1 689.4	−71.7	417 092.7	−8.2

月份	出口金额（万美元）	同比（%）	进口金额（万美元）	同比（%）
1 月	25.9	6 764.6	8 028.0	142.9
2 月	6.9	−41.2	2 135.7	−32.2
3 月	2.9	−88.8	1 552.9	396.6
4 月	12.1	−91.4	8 324.1	2 973.7
5 月	45.9	−88.8	16 145.4	1 627.2
6 月	98.2	−64.4	11 249.2	42.5
7 月	28.6	−94.5	7 509.6	−59.6
8 月	59.1	−81.4	7 776.9	0.6
9 月	23.9	−43.8	1 195.8	−77.3
10 月	62.5	−46.6	2 280.7	22.8
11 月	137.7	4.1	3 109.0	300.3
12 月	95.5	−57.7	9 576.4	−6.6

2018 年各月大豆进出口情况

月份	出口数量（吨）	同比（%）	进口数量（吨）	同比（%）
1 月	8 573.0	−31.6	8 480 835.9	10.8
2 月	9 145.2	18.7	5 424 234.7	−2.1
3 月	13 099.7	6.8	5 661 752.0	−10.5
4 月	17 796.1	32.6	6 919 800.0	−13.7
5 月	16 466.6	51.9	9 686 634.6	1.0
6 月	18 317.1	191.7	8 699 112.0	13.2
7 月	8 487.4	34.2	8 005 478.9	−20.6
8 月	5 322.3	−10.4	9 149 879.6	8.3
9 月	5 447.8	5.1	8 011 597.1	−1.2
10 月	6 103.0	−10.1	6 920 116.8	18.2
11 月	11 088.4	−14.5	5 384 245.9	−38.0
12 月	16 250.0	18.9	5 720 758.8	−40.1

月份	出口金额（万美元）	同比（%）	进口金额（万美元）	同比（%）
1 月	701.2	−31.3	356 831.1	7.3
2 月	688.1	11.2	225 608.7	−6.0
3 月	995.1	4.8	239 178.6	−12.2
4 月	1 422.7	10.8	297 205.1	−12.9
5 月	1 229.4	28.7	421 642.6	5.8
6 月	1 263.8	141.5	388 498.7	25.1
7 月	615.9	25.8	356 264.4	−12.0
8 月	389.7	−8.8	395 848.6	15.7
9 月	394.4	−4.1	342 923.2	4.1
10 月	461.6	−11.0	300 884.2	24.9
11 月	987.9	−1.4	234 438.1	−35.2
12 月	1 070.3	−1.7	254 701.3	−36.2

2018 年各月豆粕进出口情况

月份	出口数量（吨）	同比（%）	进口数量（吨）	同比（%）
1 月	48 545.4	−16.1	706.8	−88.3
2 月	58 415.2	52.1	22.5	−99.8
3 月	54 214.5	−4.8	1 323.2	−85.2
4 月	107 622.7	14.4	2 143.3	−71.5
5 月	134 593.3	48.6	2 727.0	−56.7
6 月	144 644.3	12.5	3 003.7	−47.3
7 月	149 339.8	26.8	484.0	−79.5
8 月	125 978.3	3.9	1 275.6	−44.3
9 月	149 963.9	132.7	1 765.7	−13.8
10 月	97 404.6	83.4	5 216.0	202.2
11 月	30 588.5	−59.9	4 040.0	4.7
12 月	32 951.0	−55.2	102.5	−94.0

月份	出口金额（万美元）	同比（%）	进口金额（万美元）	同比（%）
1 月	2 730.0	−3.4	50.7	−85.3
2 月	2 942.3	47.4	1.5	−99.8
3 月	2 628.2	−3.4	88.5	−81.6
4 月	5 349.7	23.7	150.2	−63.4
5 月	6 377.4	59.1	181.6	−45.3
6 月	7 050.6	29.9	215.4	−36.9
7 月	7 039.9	47.7	25.3	−82.4
8 月	5 793.3	16.0	69.9	−58.2
9 月	6 820.0	129.9	92.6	−32.2
10 月	4 607.7	82.1	266.7	127.6
11 月	1 667.0	−52.5	271.7	−8.5
12 月	1 866.9	−46.6	4.9	−96.3

2018 年各月饲料用鱼粉进出口情况

月份	出口数量（吨）	同比（%）	进口数量（吨）	同比（%）
1 月	25.0	−58.3	63 225.6	22.6
2 月	25.0	-	35 033.8	−66.3
3 月	0.0	−100.0	77 501.7	−57.5
4 月	10.0	-	149 003.6	−6.1
5 月	23.0	−48.3	104 158.0	−14.2
6 月	3.0	−85.0	144 694.0	16.4
7 月	24.0	−63.1	219 011.3	0.0
8 月	0.0	-	230 616.1	−4.2
9 月	0.0	−100.0	187 810.3	19.8
10 月	0.0	-	124 261.1	16.1
11 月	0.0	−100.0	77 294.4	35.3
12 月	17.3	−54.5	45 890.9	−12.3

月份	出口金额（万美元）	同比（%）	进口金额（万美元）	同比（%）
1 月	2.8	−68.4	8 686.1	18.6
2 月	2.8	-	5 199.7	−66.1
3 月	0.0	−100.0	11 558.9	−56.4
4 月	1.6	-	22 681.3	−2.3
5 月	2.5	−50.7	16 422.2	−6.2
6 月	0.5	−82.6	23 046.1	30.6
7 月	2.6	−70.5	34 868.5	14.1
8 月	0.0	-	35 282.5	6.2
9 月	0.0	−100.0	28 128.2	31.2
10 月	0.0	-	18 824.9	28.2
11 月	0.0	−100.0	11 172.6	43.1
12 月	1.9	−68.3	6 022.3	−11.9

2018 年各月赖氨酸进出口情况

月份	出口数量（吨）	同比（%）	进口数量（吨）	同比（%）
1月	24 503.3	−12.8	186.5	−67.7
2月	20 787.2	−27.0	180.4	−24.6
3月	40 085.7	20.7	228.2	−5.6
4月	27 429.3	−15.7	0.5	2 683.3
5月	35 833.0	29.3	165.3	0.7
6月	36 998.6	2.2	106.7	54 638.5
7月	35 800.6	12.3	201.5	−19.6
8月	35 984.6	0.6	171.5	−44.1
9月	36 129.5	19.2	0.5	−99.7
10月	33 740.9	26.1	20.3	−86.1
11月	34 983.4	15.7	74.5	3 280.0
12月	43 126.6	35.9	0.0	−99.3

月份	出口金额（万美元）	同比（%）	进口金额（万美元）	同比（%）
1月	2 936.3	6.3	55.7	−44.6
2月	2 399.7	−20.2	38.6	−13.5
3月	4 765.2	34.0	79.2	64.3
4月	3 211.0	−5.5	3.5	511.9
5月	4 198.6	38.5	49.3	31.2
6月	4 284.6	13.1	29.9	2 208.9
7月	3 967.1	20.3	38.3	4.8
8月	3 849.2	1.0	42.1	−49.2
9月	3 858.0	19.3	0.8	−98.3
10月	3 534.6	23.9	5.3	−83.9
11月	3 683.0	9.7	27.3	519.3
12月	4 370.1	20.4	0.2	−60.7

第三部分　2018 年全国饲料生产形势分析

简 要 说 明

一、本部分的文中以育肥猪配合饲料、育肥猪浓缩饲料、4%大猪添加剂预混合饲料价格走势分别代表猪配合饲料、猪浓缩饲料、猪添加剂预混合饲料价格走势，以蛋鸡高峰配合饲料、蛋鸡高峰浓缩饲料、5%蛋鸡高峰添加剂预混合饲料价格走势分别代表蛋禽配合饲料、蛋禽浓缩饲料、蛋禽添加剂预混合饲料价格走势，以肉大鸡配合饲料、肉大鸡浓缩饲料、5%肉大鸡添加剂预混合饲料价格走势分别代表肉禽配合饲料、肉禽浓缩饲料、肉禽添加剂预混合饲料价格走势，以鲤鱼成鱼配合饲料价格走势代表水产配合饲料价格走势，故仅供趋势性参考。

二、本部分文中的几个名词解释如下。

育肥猪配合饲料：一般指饲喂30千克以上、以育肥为目的猪配合饲料。

育肥猪浓缩饲料：一般指饲喂30千克以上、以育肥为目的猪浓缩饲料。

4%大猪添加剂预混合饲料：一般指饲喂30千克以上、以育肥为目的添加比例为4%的猪添加剂预混合饲料。

蛋鸡高峰配合饲料：一般指饲喂27～29周龄进入产蛋高峰期（产蛋率大于90%）的蛋鸡配合饲料。

蛋鸡高峰浓缩饲料：一般指饲喂27～29周龄进入产蛋高峰期（产蛋率大于90%）的蛋鸡浓缩饲料。

5%蛋鸡高峰添加剂预混合饲料：一般指饲喂27～29周龄进入产蛋高峰期（产蛋率大于90%）的添加比例为5%的蛋鸡添加剂预混合饲料。

肉大鸡配合饲料：一般指饲喂日龄在29日至出栏的肉鸡配合饲料。

肉大鸡浓缩饲料：一般指饲喂日龄在29日至出栏的肉鸡浓缩饲料。

5%肉大鸡添加剂预混合饲料：一般指饲喂日龄在29日至出栏的添加比例为5%的肉鸡添加剂预混合饲料。

2018 年 1 月全国饲料生产形势分析

一、基本生产情况

1 月，据重点跟踪的 180 家饲料企业统计数据显示，饲料总产量环比下降 9.2%，同比增长 1.9%。临近春节畜禽产品集中出栏，饲料需求下降。其中，由于前期压栏大猪和年猪纷纷出栏，猪饲料产量环比下降 12.6%；蛋价下行但养殖利润可观，养殖场看好后市，备货积极性较高，蛋禽饲料产量环比增长 4.6%；肉禽养殖盈利较好，临近春节顺势大量出栏，饲料产量环比下降 7.7%；水产饲料、反刍饲料季节性萎缩，产量环比分别下降 14.3%和 16.8%（图 1、图 2、图 3）。

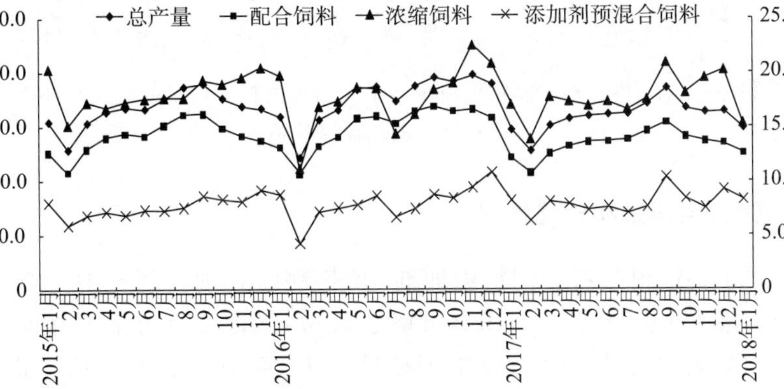

图 1　2015 年 1 月至 2018 年 1 月 180 家饲料企业产量月度走势（万吨）

注：浓缩饲料和添加剂预混合饲料参考右侧刻度值

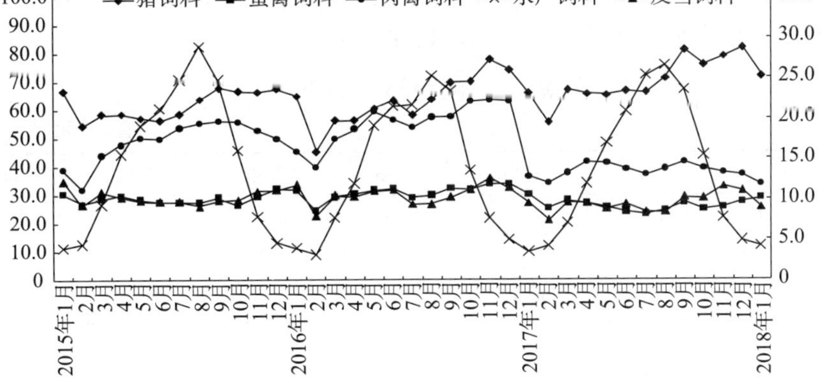

图 2　2015 年 1 月至 2018 年 1 月 180 家饲料企业不同品种饲料产量月度走势（万吨）

注：水产饲料和反刍饲料参考右侧刻度值

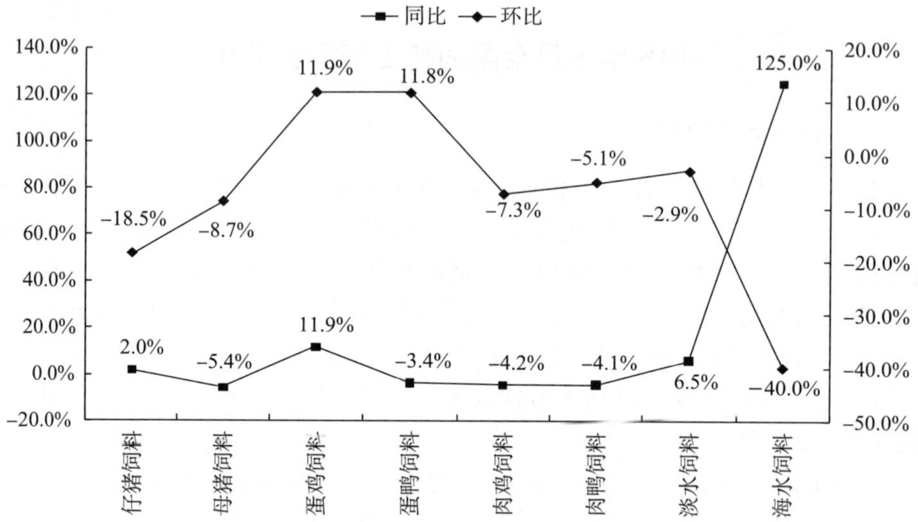

图 3　2018 年 1 月 180 家饲料企业不同品种饲料产量月度同比、环比

注：环比参考右侧刻度值

二、饲料原料采购价格情况

1 月，主要饲料原料和饲料添加剂* 价格涨跌互现。环比中，新玉米市场交易活跃，备货积极性偏高，玉米价格上涨 3.7%；玉米价格上涨推动麦麸价格继续走高，环比增长 0.6%。由于秘鲁 2017 年中北部第二捕季提早叫停，国内外鱼粉价格高位强势，环比增长 3.4%。由于大豆到港量庞大，国内库存充足，豆粕价格环比下降 0.9%；棉粕、菜粕受豆粕价格走低影响，加之需求处于淡季，价格环比均下降 0.4%；赖氨酸、蛋氨酸供应宽松，市场需求偏低，月度均价走低（表 1、表 2、图 4、图 5）。

表 1　饲料原料采购均价变化

单位：元/千克、%

项　目	玉米	豆粕	棉粕	菜粕	麦麸	进口鱼粉
2018 年 1 月	1.94	3.16	2.69	2.35	1.71	12.99
环比	3.7	−0.9	−0.4	−0.4	0.6	3.4
同比	9.0	−9.2	−9.4	−3.7	4.9	9.1

* 主要饲料原料和饲料添加剂包括玉米、豆粕、棉粕、菜粕、麦麸、进口鱼粉、磷酸氢钙、赖氨酸（98.5%）、赖氨酸（65%）、蛋氨酸（固体）、蛋氨酸（液体）。

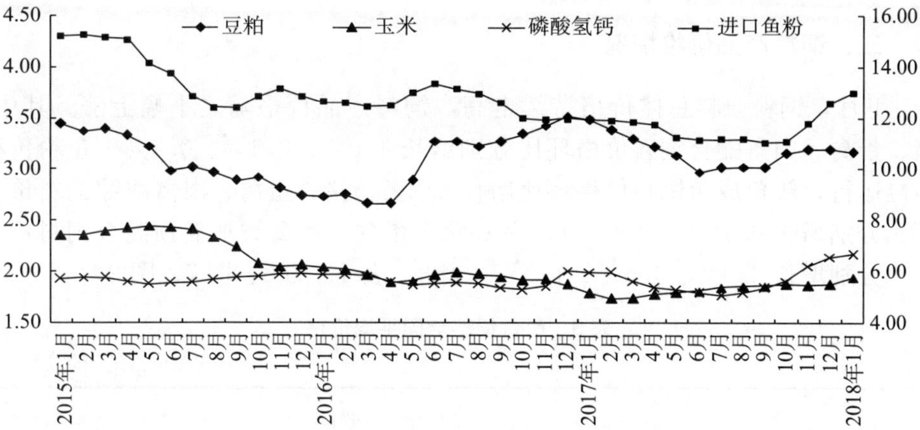

图 4　2015 年 1 月至 2018 年 1 月饲料大宗原料月度采购均价走势（元/千克）

注：进口鱼粉价格参考右侧刻度值

表 2　饲料添加剂采购均价变化

单位：元/千克、%

项　目	磷酸氢钙	赖氨酸（98.5%）	赖氨酸（65%）	蛋氨酸（固体）	蛋氨酸（液体）
2018 年 1 月	2.16	9.06	4.89	21.50	18.34
环比	0.9	−2.6	−2.0	−2.1	−3.7
同比	8.5	−17.0	−28.6	−16.6	−16.3

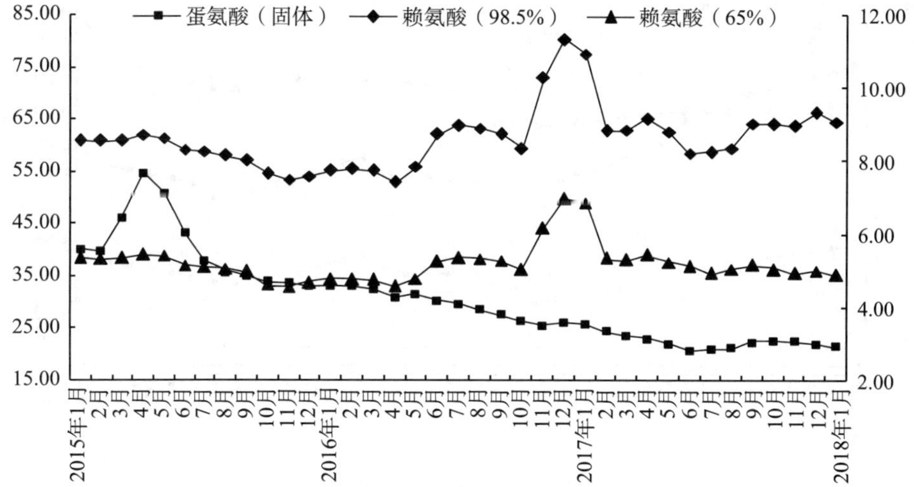

图 5　2015 年 1 月至 2018 年 1 月赖氨酸、蛋氨酸月度采购均价走势（元/千克）

注：赖氨酸（98.5%）和赖氨酸（65%）价格参考右侧刻度值

三、饲料产品价格情况

1月，饲料原料总体价格持续走高，饲料产品价格随之小幅上涨。其中，猪、蛋禽、肉禽配合饲料价格环比分别增长 1.0%、0.4%、0.3%。鱼粉价格高位运行，鲤鱼成鱼饲料价格环比增长 2.2%；猪、蛋禽、肉禽浓缩饲料价格环比分别增长 0.4%、0.3%、0.2%；猪、蛋禽、肉禽添加剂预混合饲料价格环比分别增长 2.8%、1.6%、1.0%（表 3、表 4、图 6、图 7、图 8）。

表 3　配合饲料全国平均价格

单位：元/千克、%

项　目	配合饲料			
	育肥猪	蛋鸡高峰	肉大鸡	鲤鱼成鱼
2018 年 1 月	3.16	2.81	3.09	4.18
环比	1.0	0.4	0.3	2.2
同比	0.6	−0.7	−1.3	3.2

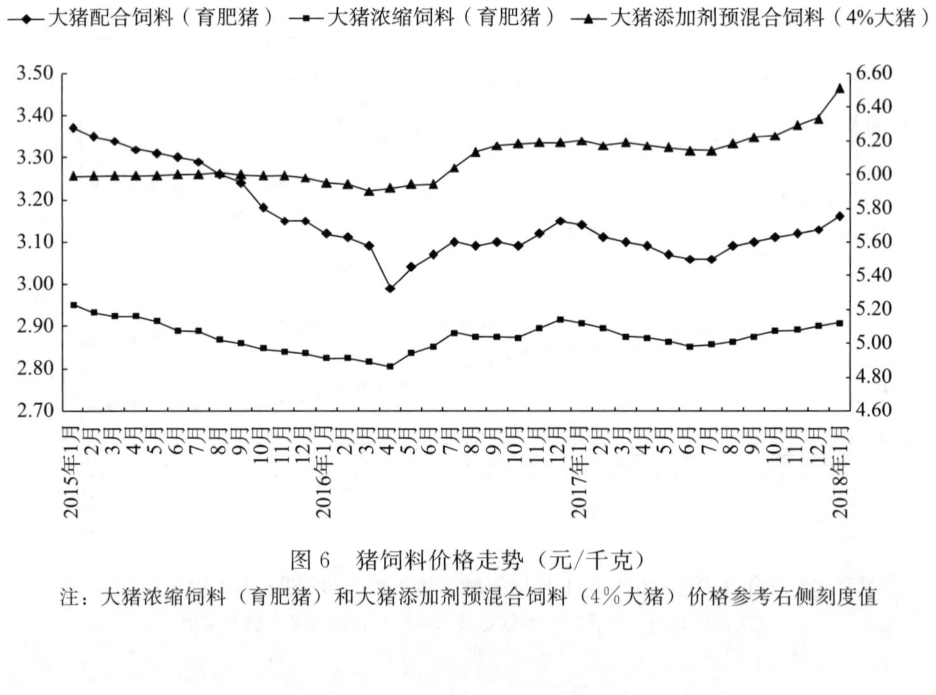

图 6　猪饲料价格走势（元/千克）

注：大猪浓缩饲料（育肥猪）和大猪添加剂预混合饲料（4%大猪）价格参考右侧刻度值

表 4　浓缩饲料和添加剂预混合饲料全国平均价格

单位：元/千克、%

项　目	浓缩饲料			添加剂预混合饲料		
	育肥猪	蛋鸡高峰	肉大鸡	4%大猪	5%蛋鸡高峰	5%肉大鸡
2018 年 1 月	5.12	3.76	4.30	6.51	5.78	6.16
环比	0.4	0.3	0.2	2.8	1.6	1.0
同比	0.0	−2.1	0.2	5.0	5.5	4.4

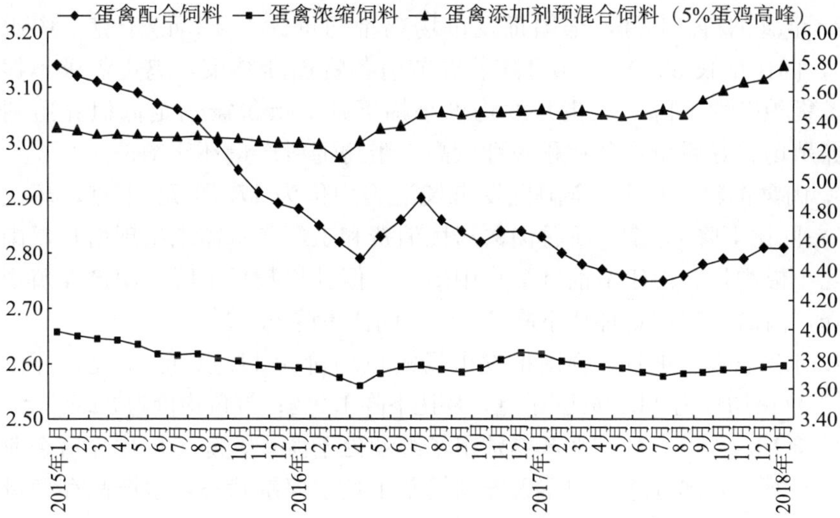

图 7　蛋禽饲料价格走势（元/千克）

注：蛋禽浓缩饲料和蛋禽添加剂预混合饲料（5%蛋鸡高峰）价格参考右侧刻度值

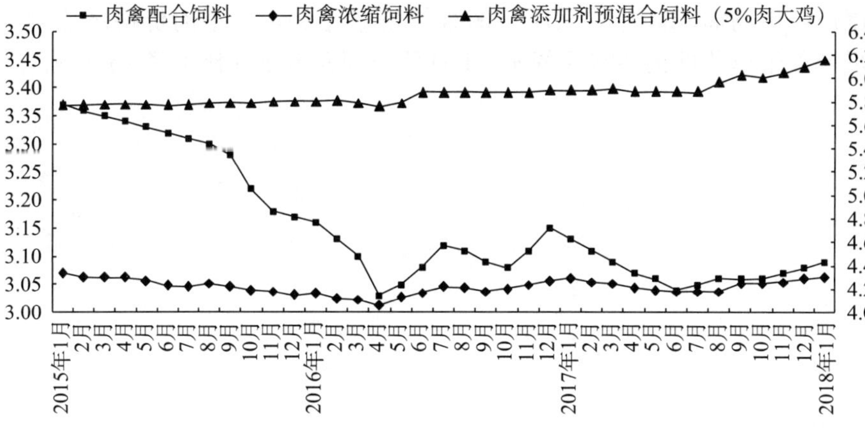

图 8　肉禽饲料价格走势（元/千克）

注：肉禽浓缩饲料和肉禽添加剂预混合饲料（5%肉大鸡）价格参考右侧刻度值

四、本月饲料和畜牧行业值得关注的情况

1. 猪饲料。1月，全国批发市场毛猪均价为16.16元/千克，环比增长2.7%，同比下降18.3%。1月临近春节，前期压栏大猪和年猪陆续出栏，屠宰企业备货需求持续增长，南方地区腌腊制品制作进入尾声，支持本月猪价前涨后跌，月度均价环比上涨。随着大猪纷纷出栏，生猪存栏里中小猪占比提高，饲料需求下降。1月猪饲料产量环比下降12.6%，同比增长9.7%。

2. 蛋禽饲料。1月，全国批发市场鸡蛋均价为9.12元/千克，环比下降0.1%，同比增长35.9%。1月随着春节前备货逐渐结束，鸡蛋需求不振，贸易商备货积极性下降，鸡蛋月度均价小幅下跌。蛋价震荡走低但养殖利润可观，养殖场看好后市，备货积极性较高，蛋禽饲料产量环比增长4.6%。

3. 肉禽饲料。1月，全国批发市场活鸡均价为17.76元/千克，环比增长3.6%，同比下降6.6%。1月肉禽居民消费和工厂备货需求出现增长，肉禽价格随之小幅增长。由于节前肉禽集中出栏，但补栏数目下降，肉禽养殖规模继续下降，肉禽饲料产量环比下降7.7%，同比下降6.1%。

4. 水产饲料。1月，全国批发市场鲤鱼均价为11.74元/千克，环比增长1.8%；草鱼均价为14.49元/千克，环比下降1.9%；带鱼均价为35.50元/千克，环比增长10.4%。1月，水产养殖市场继续处于淡季，除工厂化养殖企业继续维持生产外，大部分地区的露天养殖场基本处于停歇状态，水产品存塘量继续下降，水产饲料产量环比下降14.3%。

5. 反刍饲料。1月，全国批发市场牛肉均价为56.29元/千克，环比增长1.3%；羊肉均价为53.62元/千克，环比增长2.1%。肉牛、肉羊出栏高峰期接近尾声，市场需求旺盛，供应依旧维持偏紧态势，牛羊肉价格环比继续上涨。反刍养殖季节性饲料需求萎缩，1月反刍饲料产量环比下降16.8%。

2018 年 2 月全国饲料生产形势分析

一、基本生产情况

2 月，据重点跟踪的 180 家饲料企业统计数据显示，饲料总产量环比下降 20.8%，同比下降 8.0%。配合饲料、浓缩饲料和添加剂预混合饲料产量环比分别下降 18.9%、20.9%和 49.4%。不同品种饲料产量同比、环比均呈现不同幅度下降，2 月环比降幅更大。猪饲料产量环比下降 23.7%，同比下降 1.8%；蛋价较好，禽养殖持续盈利加上蛋禽规模场存栏受春节影响较小，蛋禽饲料需求较为稳定，产量环比下降 13.8%，同比下降 0.4%；肉禽养殖春节前后顺势大量出栏，饲料产量环比下降 17.4%，同比下降 18.8%；水产饲料处于淡季，产量环比分别下降 40.5%（图 1、图 2、图 3）。

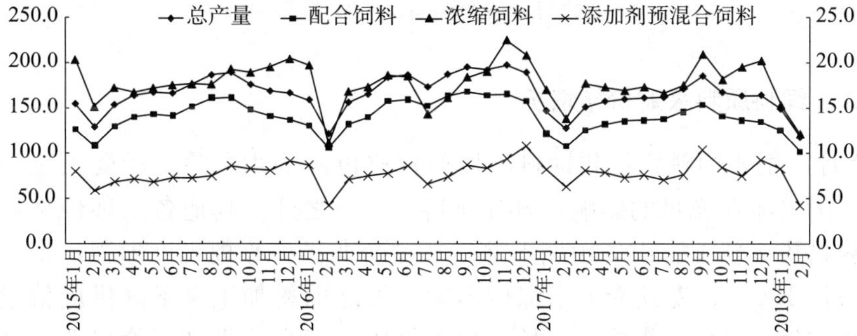

图 1　2015 年 1 月至 2018 年 2 月 180 家饲料企业产量月度走势（万吨）

注：浓缩饲料和添加剂预混合饲料参考右侧刻度值

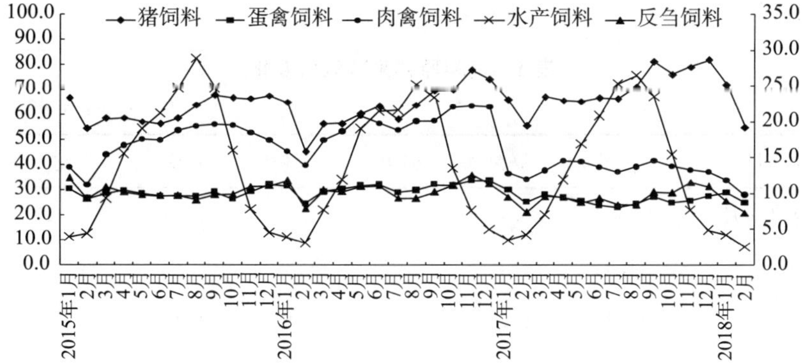

图 2　2015 年 1 月至 2018 年 2 月 180 家饲料企业不同品种饲料产量月度走势（万吨）

注：水产饲料和反刍饲料参考右侧刻度值

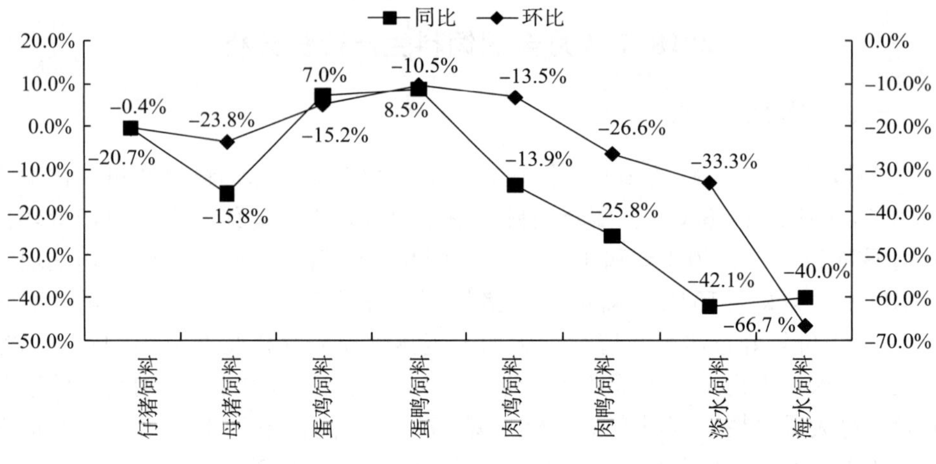

图 3　2018 年 2 月 180 家饲料企业不同品种饲料产量月度同比、环比

注：环比参考右侧刻度值

二、饲料原料采购价格情况

2 月，主要饲料原料和饲料添加剂价格以涨为主。除豆粕受大豆到港量庞大、国内库存充足的影响，环比下降 0.3%之外，其他各品种价格环比皆呈上涨趋势。新玉米市场预期上涨，持粮企业惜售心理再度加强，玉米价格环比增长 1.0%；麦麸受玉米涨价影响，加之面粉加工量下降供应偏紧，价格环比增长 1.8%；菜粕、棉粕受豆粕价格持续高位带动，价格环比分别增长 0.4%和 0.7%。鱼粉价格保持稳定，环比增长 0.2%。赖氨酸、蛋氨酸供应总体宽松，需求不振，市场交易量不足，月度均价走低（表 1、表 2、图 4、图 5）。

表 1　饲料原料采购均价变化

单位：元/千克、%

项　目	玉米	豆粕	棉粕	菜粕	麦麸	进口鱼粉
2018 年 2 月	1.96	3.15	2.71	2.36	1.74	13.01
环比	1.0	−0.3	0.7	0.4	1.8	0.2
同比	13.3	−6.8	−7.8	−2.9	4.2	9.8
2018 年 1～2 月	1.95	3.16	2.70	2.36	1.73	13.00
累计同比	11.1	−7.9	−8.6	−3.1	4.8	9.4

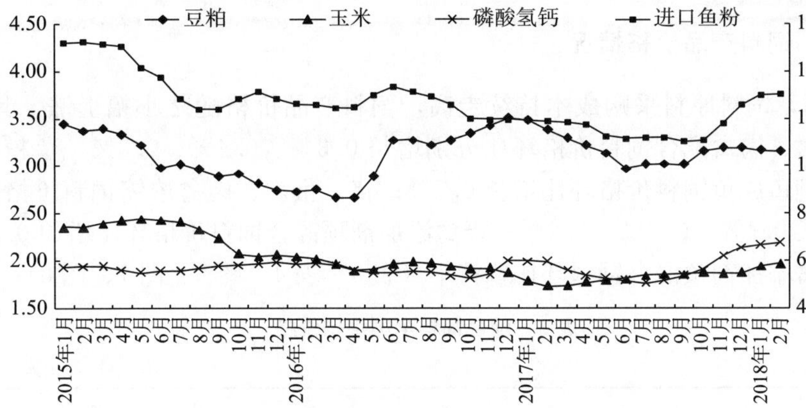

图 4　2015 年 1 月至 2018 年 2 月 180 家饲料大宗原料月度采购均价走势（元/千克）

注：进口鱼粉价格参考右侧刻度值

表 2　饲料添加剂采购均价

单位：元/千克、%

项　目	磷酸氢钙	赖氨酸（98.5%）	赖氨酸（65%）	蛋氨酸（固体）	蛋氨酸（液体）
2018 年 2 月	2.18	8.76	4.77	20.78	17.82
环比	0.9	−3.3	−2.5	−3.3	−2.8
同比	10.1	−0.6	−10.5	−14.9	−15.4
2018 年 1～2 月	2.17	8.91	4.83	21.14	18.08
累计同比	9.3	−9.7	−20.7	−15.8	−15.9

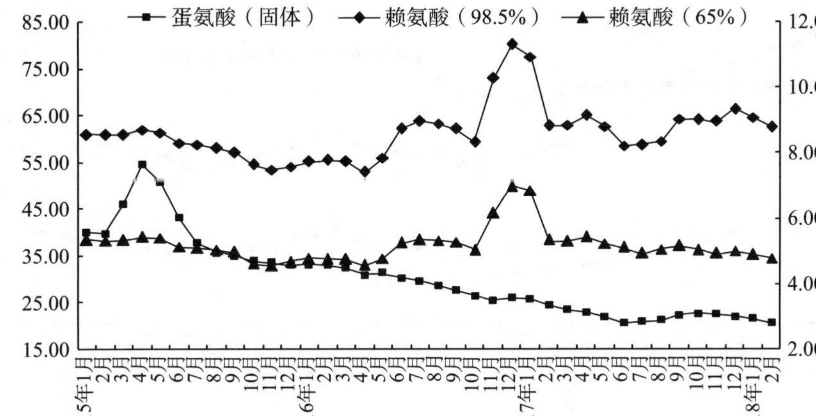

图 5　2015 年 1 月至 2018 年 2 月赖氨酸、蛋氨酸月度采购均价走势（元/千克）

注：赖氨酸（98.5%）和赖氨酸（65%）价格参考右侧刻度值

三、饲料产品价格情况

2月，饲料原料采购成本持续走高，饲料产品价格随之小幅上涨。其中，猪、蛋禽、肉禽配合饲料价格环比分别增长0.3%、0.4%、0.3%。鱼粉价格高企，鲤鱼成鱼饲料价格环比增长0.7%；猪、蛋禽、肉禽浓缩饲料价格环比分别增长0.4%、0.8%、0.2%；蛋禽添加剂预混合饲料价格环比增长0.5%，猪、肉禽添加剂预混合饲料环比皆持平（表3、表4、图6、图7、图8）。

表3 配合饲料全国平均价格

单位：元/千克、%

项 目	配合饲料			
	育肥猪	蛋鸡高峰	肉大鸡	鲤鱼成鱼
2018年2月	3.17	2.82	3.10	4.21
环比	0.3	0.4	0.3	0.7
同比	1.9	0.7	−0.3	5.0
2018年1～2月	3.17	2.82	3.10	4.20
累计同比	1.3	0.0	−0.6	4.2

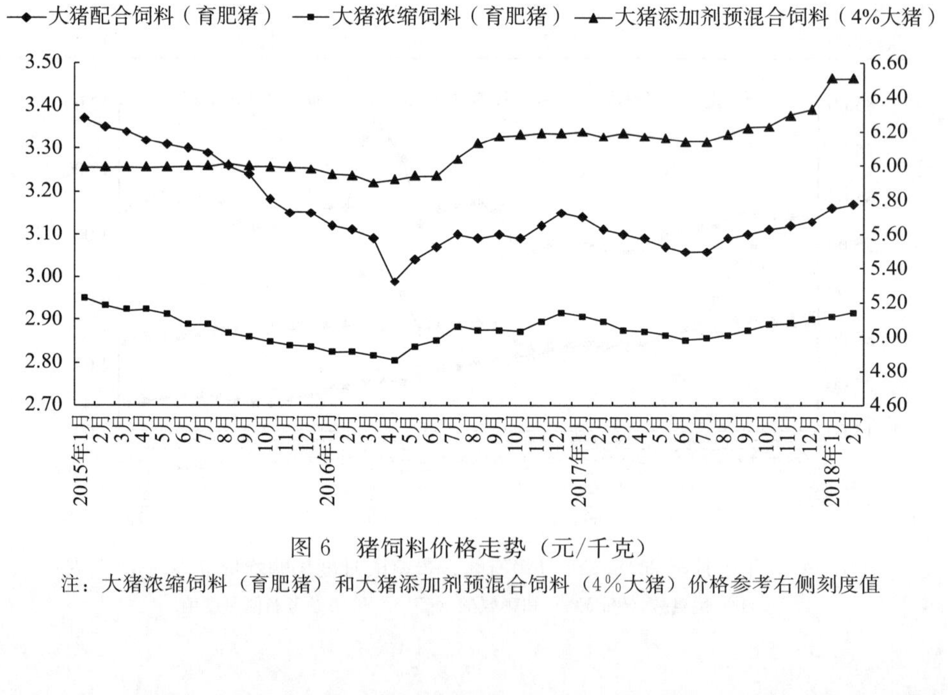

图6 猪饲料价格走势（元/千克）

注：大猪浓缩饲料（育肥猪）和大猪添加剂预混合饲料（4%大猪）价格参考右侧刻度值

表 4　浓缩饲料和添加剂预混合饲料全国平均价格

单位：元/千克、%

项　目	浓缩饲料			添加剂预混合饲料		
	育肥猪	蛋鸡高峰	肉大鸡	4%大猪	5%蛋鸡高峰	5%肉大鸡
2018 年 2 月	5.14	3.79	4.31	6.51	5.81	6.16
环比	0.4	0.8	0.2	0.0	0.5	0.0
同比	1.0	0.0	1.2	5.5	6.6	4.4
2018 年 1～2 月	5.13	3.78	4.31	6.54	5.80	6.16
累计同比	0.4	−1.0	0.7	5.7	6.0	4.4

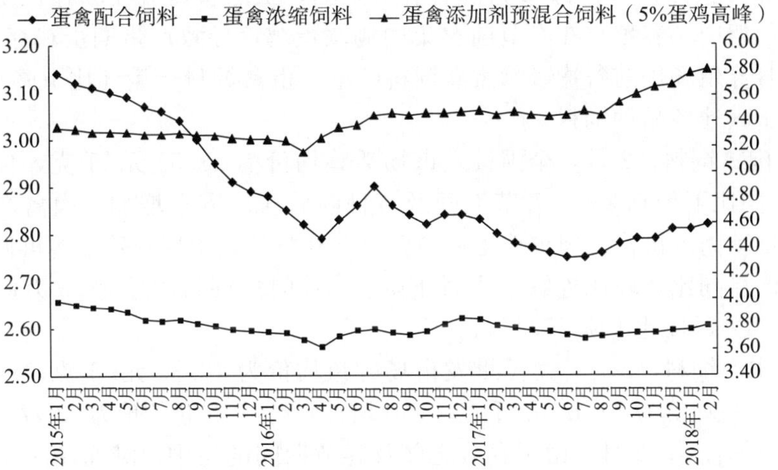

图 7　蛋禽饲料价格走势（元/千克）

注：蛋禽浓缩饲料和蛋禽添加剂预混合饲料（5%蛋鸡高峰）价格参考右侧刻度值

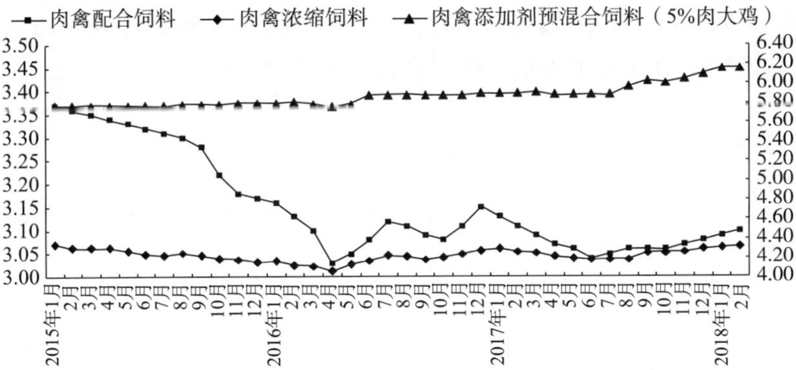

图 8　肉禽饲料价格走势（元/千克）

注：肉禽浓缩饲料和肉禽添加剂预混合饲料（5%肉大鸡）价格参考右侧刻度值

四、本月饲料和畜牧行业值得关注的情况

1. 猪饲料。2 月，全国批发市场毛猪均价为 14.05 元/千克，环比下降 13.1%，同比下降 26.9%。2 月恰逢春节，养殖场提前备货预支 2 月产量；春节前生猪大规模出栏，大猪占猪群比例下降，加之 2 月毛猪收购价格断崖式下跌，市场恐慌心态蔓延情绪较重，养殖场户集中出栏，大猪占比继续下降，猪饲料需求进一步减少，产量环比下降 23.7%。

2. 蛋禽饲料。2 月，全国批发市场鸡蛋均价为 9.14 元/千克，环比增长 0.2%，同比增长 56.7%。2 月随着春节来临，虽然蛋禽规模场存栏受春节影响较小，但中小养殖户在春节前夕集中淘汰蛋鸡，导致产蛋期蛋鸡存栏下降，加之 1 月养殖场提前备货影响蛋禽饲料产量，蛋禽饲料产量环比下降 13.8%，降幅小于其他各品种饲料。

3. 肉禽饲料。2 月，全国批发市场活鸡均价为 18.51 元/千克，环比增长 4.2%，同比下降 0.2%。春节期间及节日前后居民需求增加，肉禽产品交易活跃，推动肉禽价格。肉禽养殖从 2017 年 10 月开始出现养殖结构再调整，肉禽饲料产量同比、环比连续 5 个月下降。2 月肉禽饲料产量 28.0 万吨，同比下降 18.8%，环比下降 17.4%。

4. 水产饲料。2 月，全国批发市场鲤鱼均价为 12.50 元/千克，环比增长 6.5%；草鱼均价为 15.42 元/千克，环比增长 6.4%；带鱼均价为 38.77 元/千克，环比增长 9.2%。2 月，由于春节之前及春节期间的集中出塘而新一年投苗尚未展开，水产养殖规模继续缩小，水产饲料产量环比下降 14.1%。

5. 反刍饲料。2 月，全国批发市场牛肉均价为 57.84 元/千克，环比增长 2.8%；羊肉均价为 55.15 元/千克，环比增长 2.9%。奶牛养殖处于冬季产奶淡季阶段，同时肉牛、肉羊继续出栏上市，中国反刍养殖总体规模持续小幅下降。反刍饲料季节性需求萎缩，产量环比下降 18.9%。

2018 年 3 月全国饲料生产形势分析

一、基本生产情况

3 月，据重点跟踪的 180 家饲料企业统计数据显示，饲料总产量环比增长 22.6%，同比下降 4.1%。3 月饲料总产量和不同品种产量环比全部增长，且幅度较大，主要由于 2 月季节性产量低位的相对性增长。猪饲料、蛋禽饲料、肉禽饲料、水产饲料、反刍饲料产量环比分别增长 17.0%、9.6%、15.7%、320.0%、32.9%。同比中，由于水产投苗早于 2017 年，反刍养殖处于产奶旺季和补饲阶段，产量同比增长，其他各品种饲料产量皆呈下降态势（图 1、图 2、图 3）。

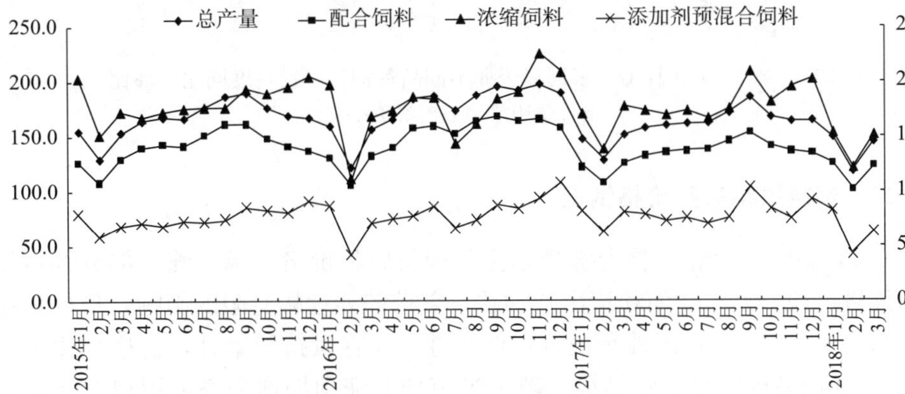

图 1　2015 年 1 月至 2018 年 3 月 180 家饲料企业产量月度走势（万吨）

注：浓缩饲料和添加剂预混合饲料参考右侧刻度值

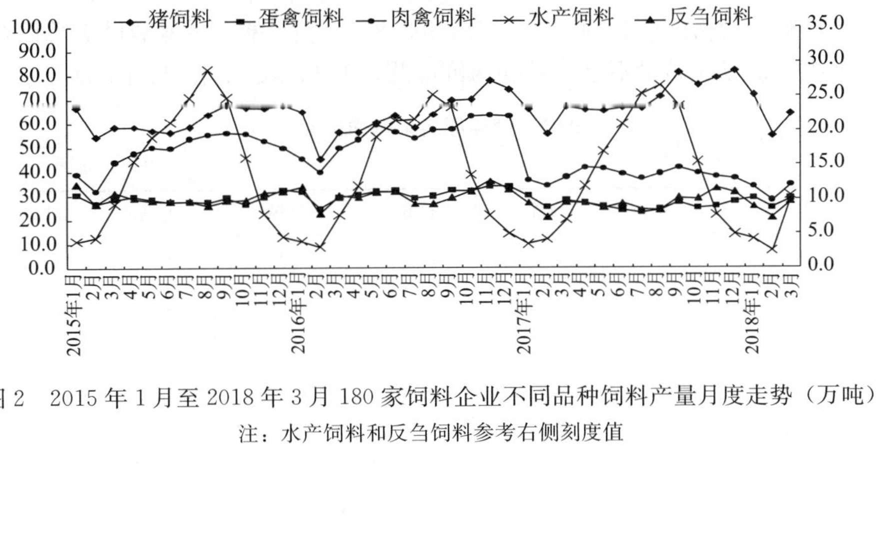

图 2　2015 年 1 月至 2018 年 3 月 180 家饲料企业不同品种饲料产量月度走势（万吨）

注：水产饲料和反刍饲料参考右侧刻度值

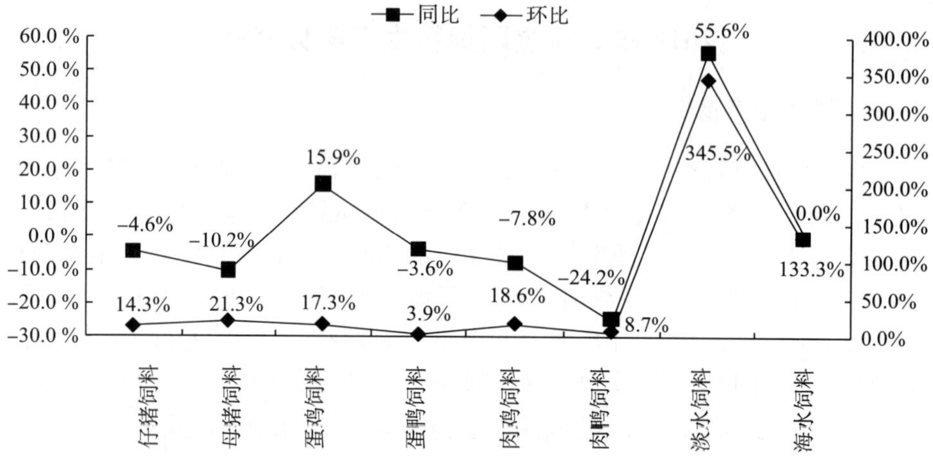

图 3　2018 年 3 月 180 家饲料企业不同品种饲料产量月度同比、环比

注：环比参考右侧刻度值

二、饲料原料采购价格情况

3 月，玉米、豆粕价格上涨带动主要饲料原料价格小幅上涨，部分饲料添加剂价格走跌。麦麸受面粉厂出货加快、养殖需要增幅有限的影响，价格环比下降 2.3%；进口鱼粉因外盘报价走低及港口库存量持续攀升，价格环比下降 2.8%，其他品种皆呈上涨趋势。新玉米市场看涨预期增强叠加用粮企业启动新一轮补库，玉米价格环比上涨 3.6%；阿根廷干旱、全球大豆减产以及对中美贸易摩擦可能导致中国大豆供给趋紧而引发价格上涨的预期，推动豆粕行情走高，价格环比增长 3.5%；棉粕、菜粕受豆粕价格持续高位带动以及后期价格上涨预期影响，价格环比分别增长 3.7%和 3.8%。赖氨酸、蛋氨酸供应总体宽松，需求不振，市场交易量不足，月度均价走低（表 1、表 2、图 4、图 5）。

表 1　饲料原料采购均价变化

单位：元/千克、%

项　目	玉米	豆粕	棉粕	菜粕	麦麸	进口鱼粉
2018 年 3 月	2.03	3.26	2.81	2.45	1.7	12.64
环比	3.6	3.5	3.7	3.8	−2.3	−2.8
同比	17.3	−0.9	−3.8	1.2	3.7	6.8
2018 年 1～3 月	1.98	3.19	2.74	2.39	1.72	12.88
累计同比	13.1	−5.6	−6.8	−1.6	4.2	8.6

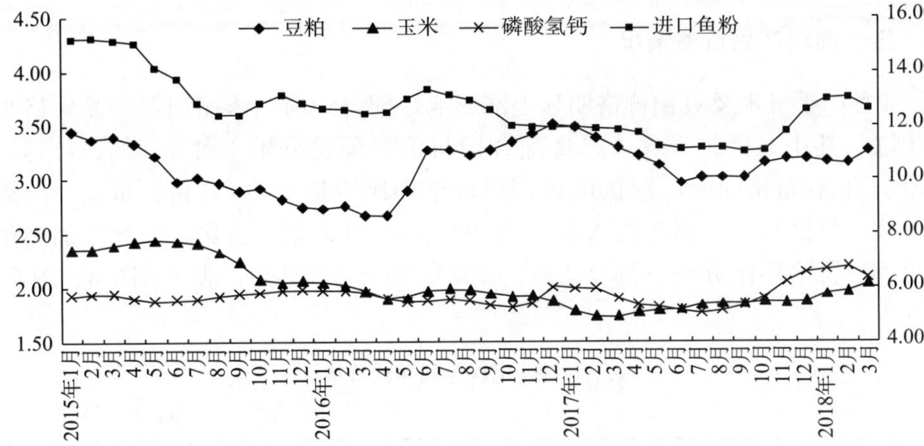

图 4　2015 年 1 月至 2018 年 3 月饲料大宗原料月度采购均价走势（元/千克）

注：进口鱼粉价格参考右侧刻度值

表 2　饲料添加剂采购均价

单位：元/千克、%

项　目	磷酸氢钙	赖氨酸（98.5%）	赖氨酸（65%）	蛋氨酸（固体）	蛋氨酸（液体）
2018 年 3 月	2.08	8.39	4.70	19.84	16.37
环比	−4.6	−4.2	−1.5	−4.5	−8.1
同比	9.5	−5.1	−11.0	−15.4	−19.2
2018 年 1～3 月	2.14	8.74	4.79	20.71	17.51
累计同比	9.2	−8.2	−17.7	−15.6	−16.9

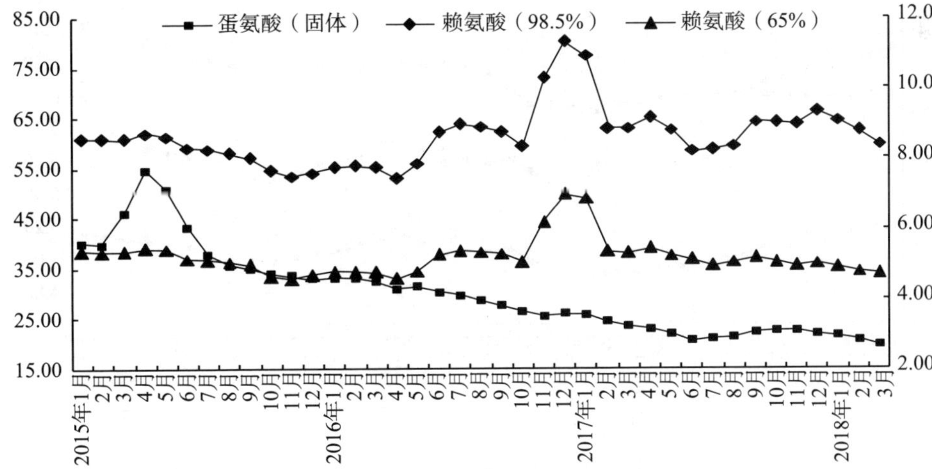

图 5　2015 年 1 月至 2018 年 3 月赖氨酸、蛋氨酸月度采购均价走势（元/千克）

注：赖氨酸（98.5%）和赖氨酸（65%）价格参考右侧刻度值

三、饲料产品价格情况

3 月，受玉米及豆粕价格明显上涨影响，配合饲料、浓缩饲料产品价格小幅上涨。其中，猪、蛋禽、肉禽配合饲料价格环比分别上涨 2.5%、1.1%、1.3%。鱼粉价格回调，鲤鱼成鱼饲料价格环比增长 0.2%；猪、蛋禽、肉禽浓缩饲料价格环比分别增长 0.4%、2.9%、0.5%；猪、蛋禽、肉禽添加剂预混合饲料价格环比分别下降 1.2%、0.7%、1.5%（表 3、表 4、图 6、图 7、图 8）。

表 3　配合饲料全国平均价格

单位：元/千克、%

项　目	配合饲料			
	育肥猪	蛋鸡高峰	肉大鸡	鲤鱼成鱼
2018 年 3 月	3.25	2.85	3.14	4.22
环比	2.5	1.1	1.3	0.2
同比	4.8	2.5	1.6	4.7
2018 年 1～3 月	3.19	2.83	3.11	4.20
累计同比	2.2	1.1	0.0	4.2

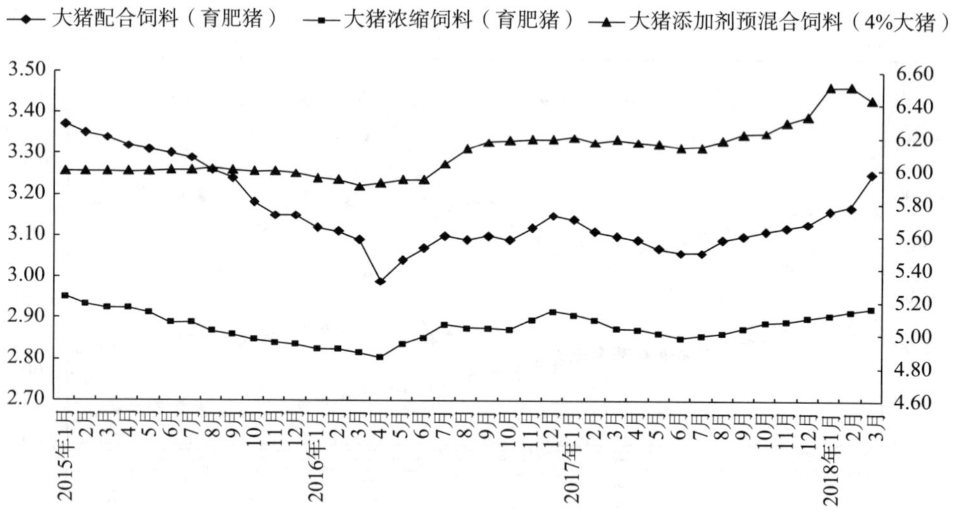

图 6　猪饲料价格走势（元/千克）

注：大猪浓缩饲料（育肥猪）和大猪添加剂预混合饲料（4%大猪）价格参考右侧刻度值

表 4　浓缩饲料和添加剂预混合饲料全国平均价格

单位：元/千克、%

项　目	浓缩饲料			添加剂预混合饲料		
	育肥猪	蛋鸡高峰	肉大鸡	4%大猪	5%蛋鸡高峰	5%肉大鸡
2018 年 3 月	5.16	3.90	4.33	6.43	5.77	6.07
环比	0.4	2.9	0.5	−1.2	−0.7	−1.5
同比	2.4	3.4	1.9	3.9	5.5	2.7
2018 年 1～3 月	5.14	3.82	4.31	6.48	5.79	6.13
累计同比	1.2	0.5	0.9	4.7	5.9	3.9

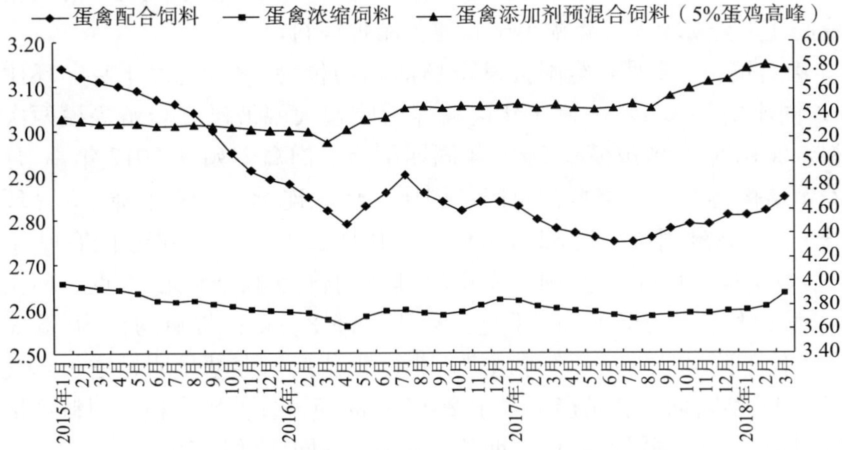

图 7　蛋禽饲料价格走势（元/千克）

注：蛋禽浓缩饲料和蛋禽添加剂预混合饲料（5%蛋鸡高峰）价格参考右侧刻度值

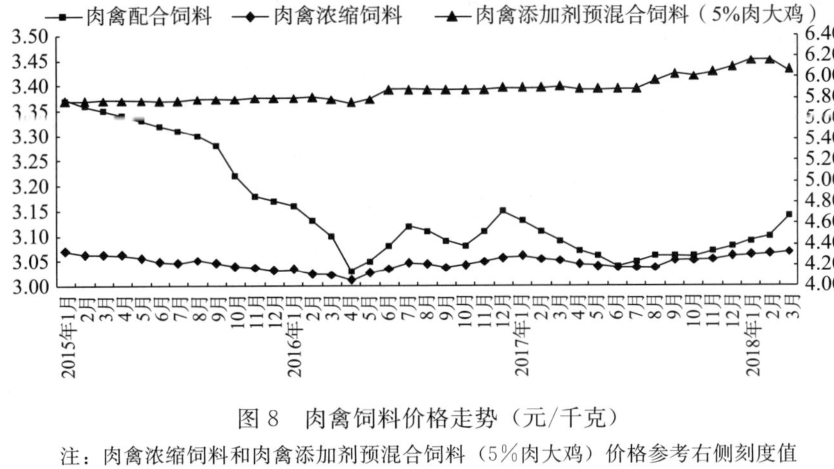

图 8　肉禽饲料价格走势（元/千克）

注：肉禽浓缩饲料和肉禽添加剂预混合饲料（5%肉大鸡）价格参考右侧刻度值

四、本月饲料和畜牧行业值得关注的情况

1. 猪饲料。3 月，全国批发市场毛猪均价为 11.70 元/千克，环比下降 16.8%，同比下降 33.7%。猪价低迷，饲养积极性下降。3 月大型规模集团开始补栏，中小散户对补栏持谨慎态度。3 月猪饲料产量 64.1 万吨，环比增长 17.0%，同比下降 4.3%。

2. 蛋禽饲料。3 月，全国批发市场鸡蛋均价为 7.69 元/千克，环比下降 15.9%，同比增长 39.5%。由于春节前蛋价较高，养殖利润丰厚，养殖户延迟淘汰；3 月蛋价季节性走低，养殖户集中淘汰，饲料需求随之下降，蛋禽饲料产量同比下降 2.9%，降幅小于其他各品种饲料。

3. 肉禽饲料。3 月，全国批发市场活鸡均价为 18.69 元/千克，环比增长 1.0%，同比增长 4.3%。2017 年肉禽养殖收益大幅波动，养殖规模两次去产能调整，2018 年养殖规模较 2017 年同期下降。肉禽养殖从 2017 年 10 月开始出现养殖结构再调整，肉禽饲料产量同比、环比连续 5 个月下降，3 月环比止降回升。3 月肉禽饲料产量 32.4 万吨，环比增长 15.7%，同比下降 14.1%。

4. 水产饲料。3 月，全国批发市场鲤鱼均价为 12.56 元/千克，环比增长 0.4%；草鱼均价为 15.06 元/千克，环比下降 2.3%；带鱼均价为 35.38 元/千克，环比下降 8.5%。水产养殖进入集中投苗期，存塘量明显增长。气温回升快于 2017 年同期，养殖启动早于 2017 年同期，且养殖户担心饲料价格上涨而积极囤货。水产饲料产量环比增长 320.0%，同比增长 50.0%。

5. 反刍饲料。3 月，全国批发市场牛肉均价为 56.89 元/千克，环比下降 1.6%；羊肉均价为 55.05 元/千克，环比下降 0.2%。春季处于补饲阶段，奶牛进入生产旺季，肉牛、肉羊养殖集中补栏。反刍饲料需求增长，产量环比增长 32.9%，同比增长 1.0%。

2018 年 4 月全国饲料生产形势分析

一、基本生产情况

4 月，据重点跟踪的 180 家饲料企业统计数据显示，饲料总产量环比增长 2.1%，同比下降 6.0%。4 月生猪养殖行情差，亏损面扩大，市场大猪基本完全出栏，猪饲料产量环比下降 4.8%，同比下降 7%。蛋禽市场逐步好转，4 月蛋禽饲料呈现复苏迹象，产量同比增长 0.4%。肉禽产品价格同比增长，养殖规模有所扩大，肉禽饲料产量环比连续 2 个月增长 15%以上（3 月增长 15.7%、4 月增长 15.1%）。水产饲料迎来季节性增长，产量环比增长 23.8%，同比增长 9.2%（图 1、图 2、图 3）。

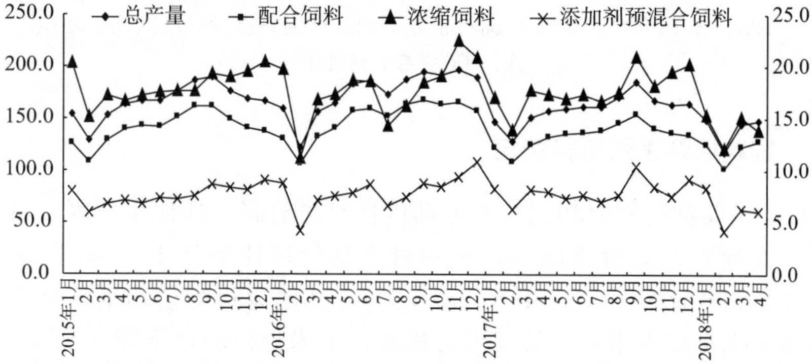

图 1　2015 年 1 月至 2018 年 4 月 180 家饲料企业产量月度走势（万吨）

注：浓缩饲料和添加剂预混合饲料参考右侧刻度值

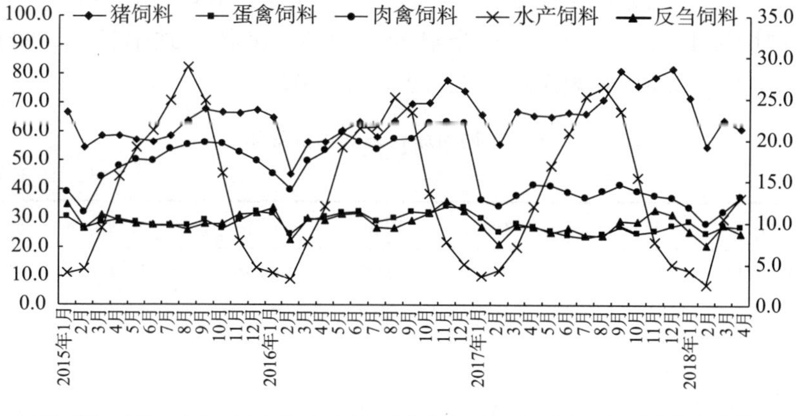

图 2　2015 年 1 月至 2018 年 4 月 180 家饲料企业不同品种饲料产量月度走势（万吨）

注：水产饲料和反刍饲料参考右侧刻度值

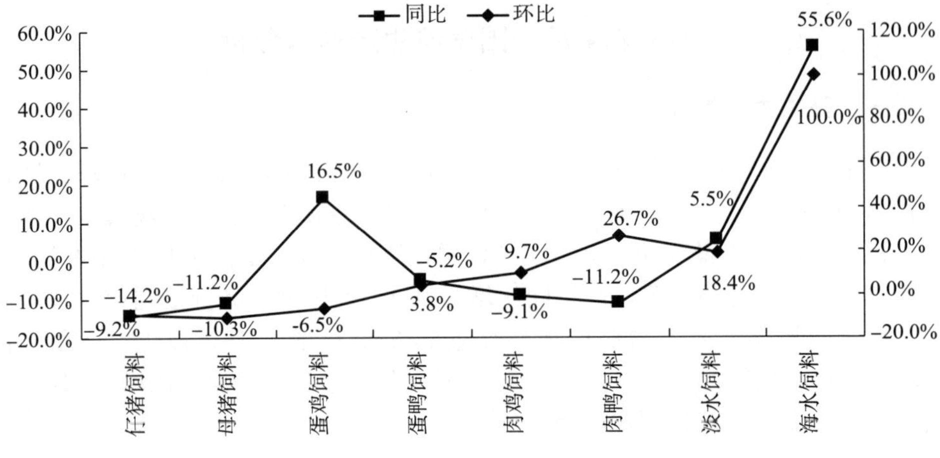

图 3　2018 年 4 月 180 家饲料企业不同品种饲料产量月度同比、环比

注：环比参考右侧刻度值

二、饲料原料采购价格情况

4 月，主要饲料原料和饲料添加剂价格有增有降。环比中，因 4 月中美贸易不确定性导致大豆价格波动，豆粕月度均价环比增长 1.8%，同时导致棉粕、菜粕价格环比分别增长 1.8%、1.2%，其他原料行情均呈下降态势。其中，储备玉米批量入市，贸易商出货积极，玉米价格环比下降 1.5%，受此影响麦麸价格环比下降 1.2%；因秘鲁渔货资源改善、国际期价回调影响，进口鱼粉价格环比下降 2.5%。赖氨酸厂家提价，推动市场行情偏强运行；蛋氨酸市场供应充足，月度价格继续走低。同比中，玉米、磷酸氢钙价格同比涨幅较大，分别增长 13.0%、12.0%；蛋氨酸（固体、液体）跌幅较大，价格分别下降 15.1%、18.6%（表 1、表 2、图 4、图 5）。

表 1　饲料原料采购均价变化

单位：元/千克、%

项　目	玉米	豆粕	棉粕	菜粕	麦麸	进口鱼粉
2018 年 4 月	2.00	3.32	2.86	2.48	1.68	12.32
环比	−1.5	1.8	1.8	1.2	−1.2	−2.5
同比	13.0	3.4	−1.0	2.9	3.1	4.9
2018 年 1～4 月	1.98	3.22	2.77	2.41	1.71	12.74
累计同比	13.1	−3.6	−5.5	−0.8	4.3	7.7

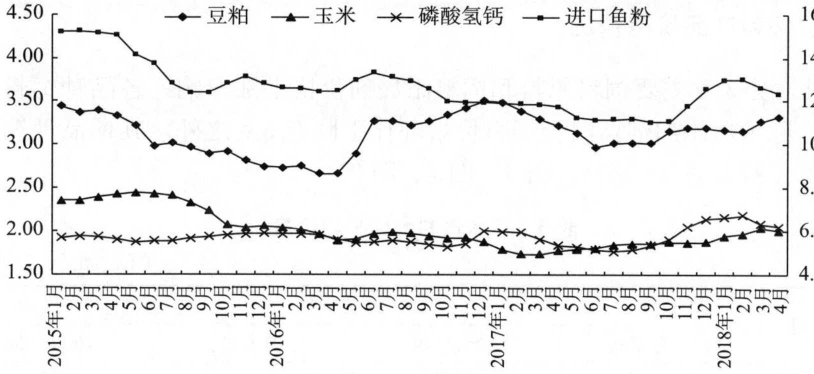

图 4　2015 年 1 月至 2018 年 4 月饲料大宗原料月度采购均价走势（元/千克）

注：进口鱼粉价格参考右侧刻度值

表 2　饲料添加剂采购均价变化

单位：元/千克、%

项　目	磷酸氢钙	赖氨酸（98.5%）	赖氨酸（65%）	蛋氨酸（固体）	蛋氨酸（液体）
2018 年 4 月	2.05	8.50	4.79	19.51	16.17
环比	−1.4	1.3	1.9	−1.7	−1.2
同比	12.0	−6.8	−11.8	−15.1	−18.6
2018 年 1～4 月	2.12	8.68	4.79	20.41	17.18
累计同比	9.8	−7.9	−16.3	−15.5	−17.3

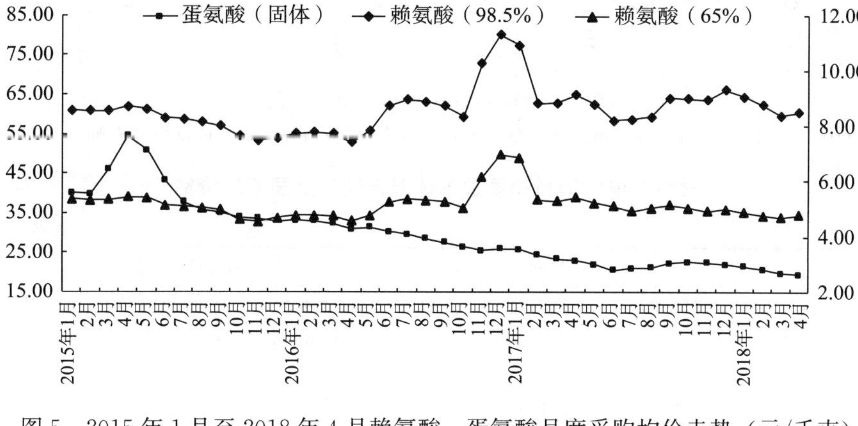

图 5　2015 年 1 月至 2018 年 4 月赖氨酸、蛋氨酸月度采购均价走势（元/千克）

注：赖氨酸（98.5%）和赖氨酸（65%）价格参考右侧刻度值

三、饲料产品价格情况

4月，受3月主要饲料原料和饲料添加剂价格上涨影响，各品种饲料产品价格中，除蛋禽添加剂预混合饲料价格环比下降0.3%之外，其他品种饲料价格环比皆上涨（表3、表4、图6、图7、图8）。

表3　配合饲料全国平均价格

单位：元/千克、%

项　目	配合饲料			
	育肥猪	蛋鸡高峰	肉大鸡	鲤鱼成鱼
2018年4月	3.26	2.86	3.16	4.34
环比	0.3	0.4	0.6	2.8
同比	5.5	3.2	2.9	8.8
2018年1～4月	3.21	2.84	3.12	4.24
累计同比	3.2	1.4	0.6	5.5

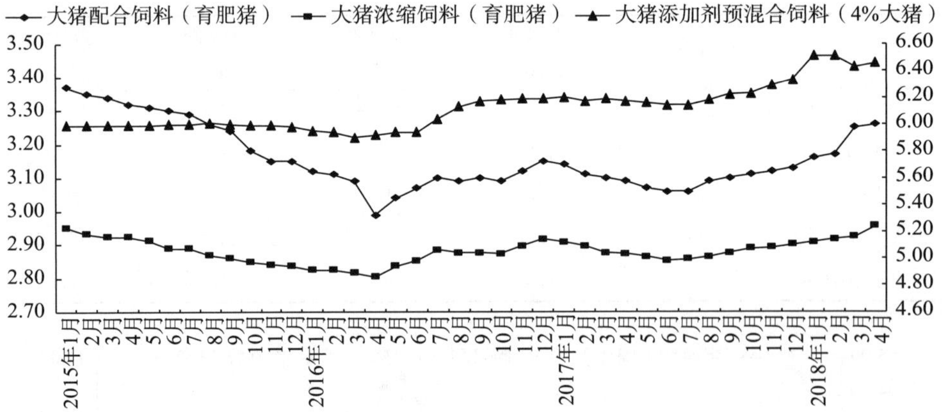

图6　猪饲料价格走势（元/千克）

注：大猪浓缩饲料（育肥猪）和大猪添加剂预混合饲料（4%大猪）价格参考右侧刻度值

表4　浓缩饲料和添加剂预混合饲料全国平均价格

单位：元/千克、%

项　目	浓缩饲料			添加剂预混合饲料		
	育肥猪	蛋鸡高峰	肉大鸡	4%大猪	5%蛋鸡高峰	5%肉大鸡
2018年4月	5.24	3.94	4.35	6.46	5.75	6.09
环比	1.6	1.0	0.5	0.5	−0.3	0.3
同比	4.2	5.1	3.3	4.7	5.5	3.4
2018年1～4月	5.17	3.85	4.32	6.48	5.78	6.12
累计同比	2.0	1.6	1.6	4.9	5.9	3.7

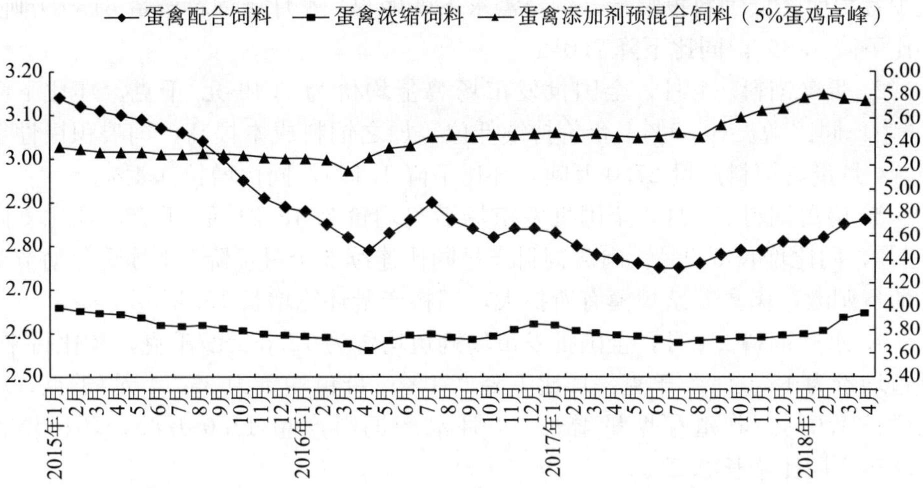

图 7　蛋禽饲料价格走势（元/千克）

注：蛋禽浓缩饲料和蛋禽添加剂预混合饲料（5%蛋鸡高峰）价格参考右侧刻度值

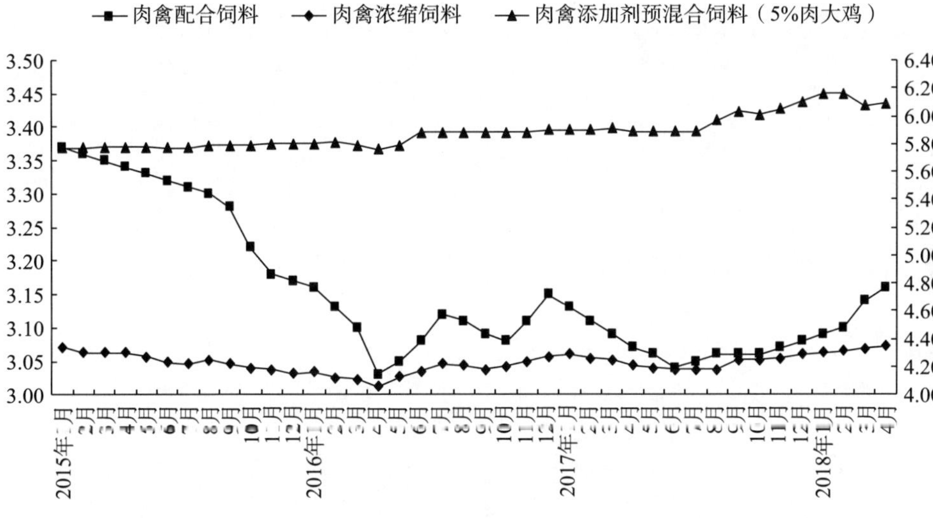

图 8　肉禽饲料价格走势（元/千克）

注：肉禽浓缩饲料和肉禽添加剂预混合饲料（5%肉大鸡）价格参考右侧刻度值

四、本月饲料和畜牧行业值得关注的情况

1. 猪饲料。4 月，全国批发市场毛猪均价为 10.60 元/千克，环比下降 9.4%，同比下降 35.2%。生猪价格持续走跌，养殖利润亏损扩大，养殖户为

减少亏损而降低饲料投喂量，饲料需求下降明显。4月猪饲料产量61.0万吨，环比下降4.8%，同比下降7.0%。

2. 蛋禽饲料。4月，全国批发市场鸡蛋均价为7.49元/千克，环比下降2.6%，同比增长35.5%。蛋价持续低位，加之饲料成本提高，饲喂积极性下降。4月蛋禽饲料产量27.0万吨，环比下降1.1%，同比增长0.4%。

3. 肉禽饲料。4月，全国批发市场活鸡均价为18.21元/千克，环比下降2.6%，同比增长6.9%。肉禽饲料产量同比连续6个月下降，4月受劳动节节日消费刺激，肉禽养殖规模有所扩大，饲料产量环比增长15.1%。

4. 水产饲料。4月，全国批发市场鲤鱼均价为12.56元/千克，环比持平；草鱼均价为15.04元/千克，环比下降0.1%；带鱼均价为35.74元/千克，环比增长1.0%。养殖存塘量增长，4月水产饲料产量13.0万吨，环比增长23.8%，同比增长9.2%。

5. 反刍饲料。4月，全国批发市场牛肉均价为56.76元/千克，环比下降0.2%；羊肉均价为54.70元/千克，环比下降0.6%。奶牛、肉牛、羊养殖旺季结束，反刍饲料产量环比下降10.3%，同比下降8.4%。

2018 年 5 月全国饲料生产形势分析

一、基本生产情况

5 月，据重点跟踪的 180 家饲料企业统计数据显示，饲料总产量环比增长 1.6%，同比下降 6.0%。由于猪价低迷、生猪养殖收益下降，养殖户为降低亏损，减少猪饲料使用，大体重猪减少，散户退出增加，猪饲料产量环比下降 4.8%，同比下降 11.0%。蛋禽饲料、肉禽饲料随着蛋禽、肉禽养殖行情回升而呈现复苏迹象。水产饲料受局部天气影响，旺季不旺，产量环比仅增长 13.8%，同比下降 12.4%（图 1、图 2、图 3）。

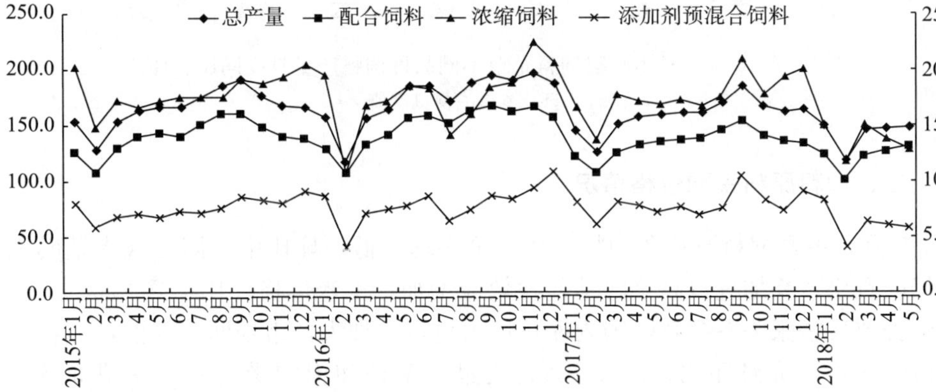

图 1　2015 年 1 月至 2018 年 5 月 180 家饲料企业产量月度走势（万吨）

注：浓缩饲料和添加剂预混合饲料参考右侧刻度值

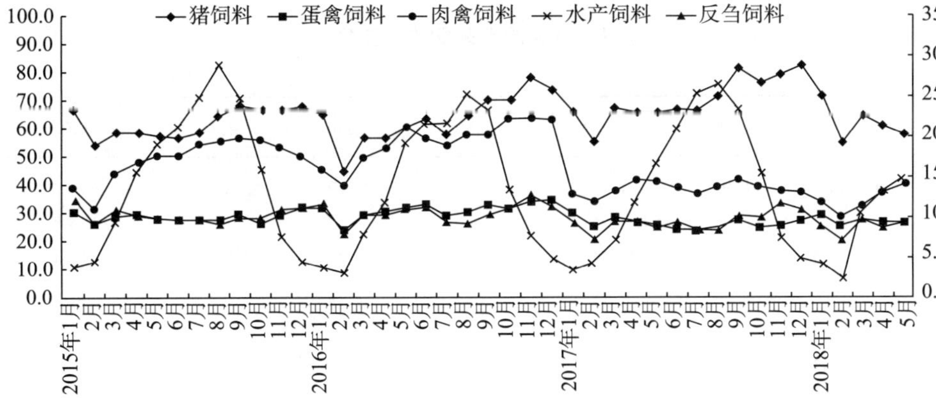

图 2　2015 年 1 月至 2018 年 5 月 180 家饲料企业不同品种饲料产量月度走势（万吨）

注：水产饲料和反刍饲料参考右侧刻度值

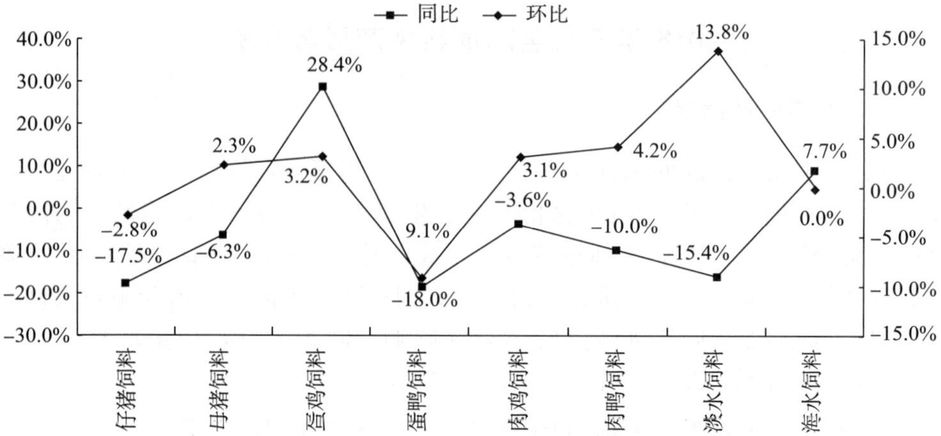

图 3　2018 年 5 月 180 家饲料企业不同品种饲料产量月度同比、环比

注：环比参考右侧刻度值

二、饲料原料采购价格情况

5 月，主要饲料原料和饲料添加剂价格均走低。环比中，储备玉米拍卖供应偏向宽松，叠加进口高粱解禁代替效应增加，玉米价格环比下降 2.0%。随着中美贸易紧张关系缓解，国内库存压力进一步加大，市场回归理性，豆粕行情持续回落，价格环比下降 1.8%；麦麸、菜粕和棉粕受玉米、豆粕价格影响，价格环比分别下降 0.6%、0.4%和 0.3%。进口鱼粉因国内局部地区暴雨影响水产养殖需要，价格环比下降 4.1%。生猪养殖亏损，赖氨酸、蛋氨酸需求不振，月度均价皆走低（表 1、表 2、图 4、图 5）。

表 1　饲料原料采购均价变化

单位：元/千克、%

项　目	玉米	豆粕	棉粕	菜粕	麦麸	进口鱼粉
2018 年 5 月	1.96	3.26	2.85	2.47	1.67	11.82
环比	−2.0	−1.8	−0.3	−0.4	−0.6	−4.1
同比	9.5	4.2	0.7	2.1	1.2	5.3
2018 年 1～5 月	1.98	3.23	2.78	2.42	1.70	12.56
累计同比	12.5	−2.1	−4.5	0.0	3.7	7.3

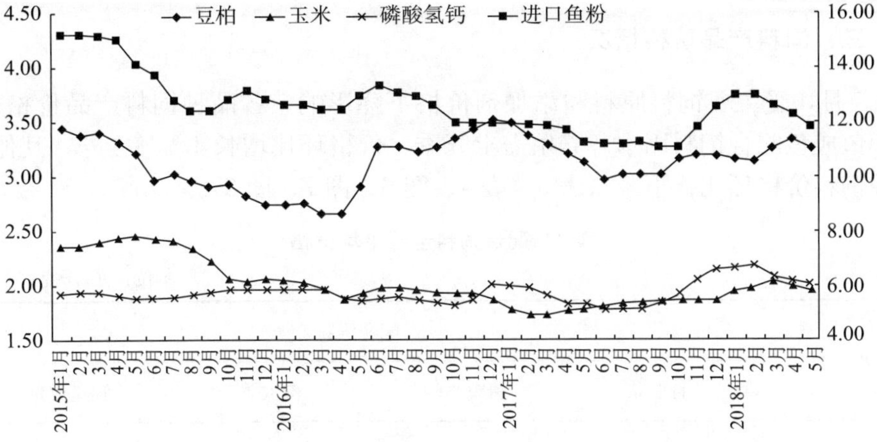

图 4　2015 年 1 月至 2018 年 5 月饲料大宗原料月度采购均价走势（元/千克）

注：进口鱼粉价格参考右侧刻度值

表 2　饲料添加剂采购均价

单位：元/千克、%

项　目	磷酸氢钙	赖氨酸（98.5%）	赖氨酸（65%）	蛋氨酸（固体）	蛋氨酸（液体）
2018 年 5 月	2.01	8.21	4.62	18.75	16.13
环比	−2.0	−3.4	−3.5	−3.9	−0.2
同比	11.0	−6.7	−11.5	−14.6	−15.5
2018 年 1～5 月	2.10	8.58	4.75	20.08	16.97
累计同比	10.5	−7.7	−15.5	−15.3	−17.0

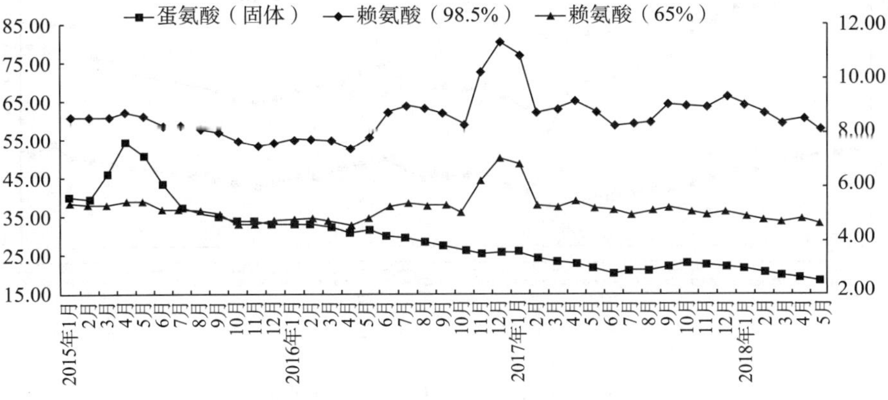

图 5　2015 年 1 月至 2018 年 5 月赖氨酸、蛋氨酸月度采购均价走势（元/千克）

注：赖氨酸（98.5%）和赖氨酸（65%）价格参考右侧刻度值

三、饲料产品价格情况

5 月，受主要饲料原料和添加剂价格下降影响，各品种饲料产品价格中，除鲤鱼成鱼配合饲料因水产养殖需求旺季，价格环比增长 1.2%之外，其他各品种饲料价格环比皆下降（表 3、表 4、图 6、图 7、图 8）。

表 3　配合饲料全国平均价格

单位：元/千克、%

项　目	配合饲料			
	育肥猪	蛋鸡高峰	肉大鸡	鲤鱼成鱼
2018 年 5 月	3.21	2.84	3.14	4.39
环比	−1.5	−0.7	−0.6	1.2
同比	4.6	2.9	2.6	9.7
2018 年 1～5 月	3.21	2.84	3.13	4.27
累计同比	3.5	1.8	1.3	6.2

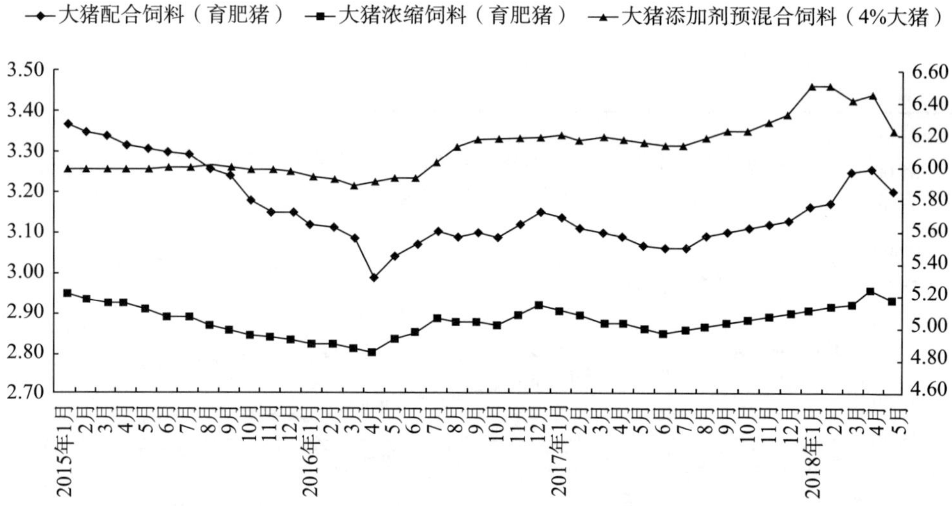

图 6　猪饲料价格走势（元/千克）

注：大猪浓缩饲料（育肥猪）和大猪添加剂预混合饲料（4%大猪）价格参考右侧刻度值

表 4　浓缩饲料和添加剂预混合饲料全国平均价格

单位：元/千克、%

项　目	浓缩饲料			添加剂预混合饲料		
	育肥猪	蛋鸡高峰	肉大鸡	4%大猪	5%蛋鸡高峰	5%肉大鸡
2018 年 5 月	5.18	3.85	4.23	6.25	5.61	6.04
环比	−1.1	−2.3	−2.8	−3.3	−2.4	−0.8
同比	3.4	2.9	1.0	1.5	3.1	2.5
2018 年 1～5 月	5.17	3.85	4.30	6.43	5.74	6.10
累计同比	2.2	1.9	1.4	4.0	5.1	3.4

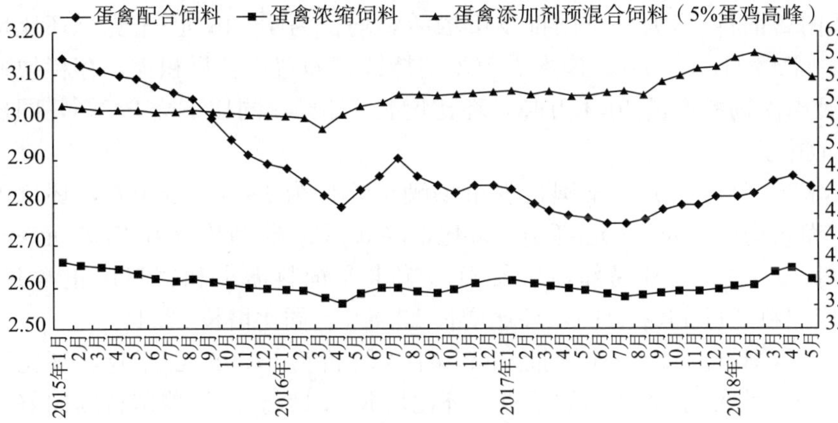

图 7　蛋禽饲料价格走势（元/千克）

注：蛋禽浓缩饲料和蛋禽添加剂预混合饲料（5%蛋鸡高峰）价格参考右侧刻度值

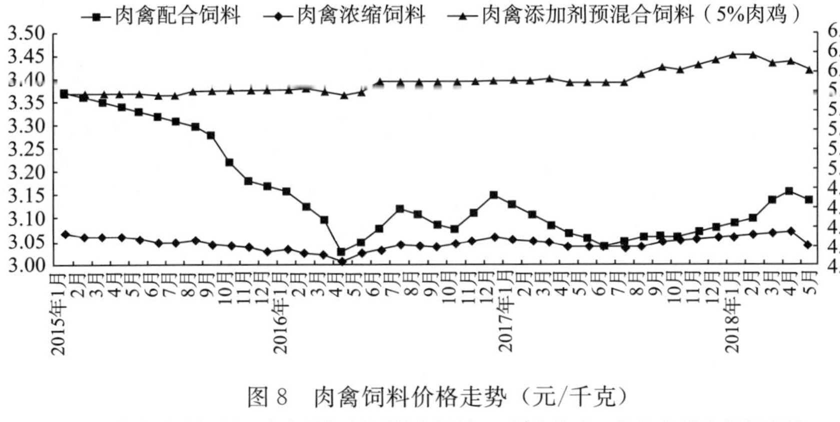

图 8　肉禽饲料价格走势（元/千克）

注：肉禽浓缩饲料和肉禽添加剂预混合饲料（5%肉大鸡）价格参考右侧刻度值

四、本月饲料和畜牧行业值得关注的情况

1. 猪饲料。5 月，全国批发市场毛猪均价为 10.60 元/千克，环比持平，同比下降 28.4%。5 月上旬生猪价格继续走低，中、下旬触底反弹，但 5 月生猪养殖仍处于亏损状态。持续亏损导致饲料需求严重下降，散养户退养加速。5 月猪饲料产量 58.1 万吨，环比下降 4.8%，同比下降 11.0%。

2. 蛋禽饲料。5 月，全国批发市场鸡蛋均价为 7.77 元/千克，环比增长 3.8%，同比增长 54.2%。蛋鸡养殖持续复苏，但高温天气影响蛋鸡采食量，蛋禽饲料需求持平。5 月蛋禽饲料产量 27.0 万吨，环比持平，同比增长 5.5%。

3. 肉禽饲料。5 月，全国批发市场活鸡均价为 18.45 元/千克，环比增长 1.3%，同比增长 18.0%。肉禽养殖盈利持续，养殖户补栏积极，存栏快速回升。5 月肉禽饲料产量 40.1 万吨，环比增长 7.5%，同比下降 2.7%，同比降幅逐月收窄。

4. 水产饲料。5 月，全国批发市场鲤鱼均价为 12.55 元/千克，环比下降 0.1%；草鱼均价为 14.95 元/千克，环比下降 0.6%；带鱼均价为 35.99 元/千克，环比增长 0.7%。5 月局部地区暴雨影响水产饲料需求和饲料厂正常开工，5 月水产饲料产量 14.8 万吨，环比增长 13.8%，同比增长 12.4%。

5. 反刍饲料。5 月，全国批发市场牛肉均价为 57.08 元/千克，环比增长 0.6%；羊肉均价为 54.74 元/千克，环比增长 0.1%。肉牛养殖持续向好，养殖存栏缓慢恢复，加之奶牛场为增加产奶量而提高饲料使用量，5 月反刍饲料产量环比增长 8.0%，同比增长 6.8%。

2018 年 6 月全国饲料生产形势分析

一、基本生产情况

6 月，据重点跟踪的 180 家饲料企业统计数据显示，饲料总产量环比增长 1.4%，同比下降 5.6%。由于前期猪价低迷，养殖亏损，生猪规模萎缩，临出栏标猪数量下降，猪饲料需求减少，产量环比下降 1.4%，同比下降 14.0%。蛋禽、肉禽由于高温高湿天气影响采食量，饲料产量环比分别下降 1.9%和 2.0%，同比分别随养殖行情复苏而回升。水产饲料季节性大幅增长，产量环比增长 27.0%（图 1、图 2、图 3）。

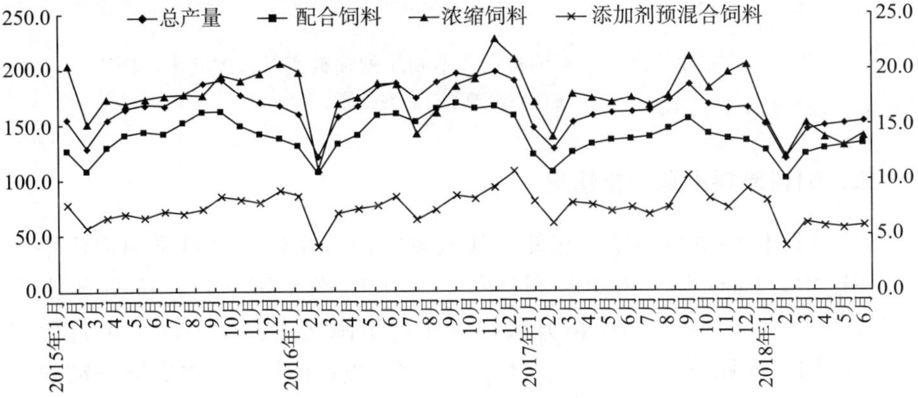

图 1　2015 年 1 月至 2018 年 6 月 180 家饲料企业产量月度走势（万吨）

注：浓缩饲料和添加剂预混合饲料参考右侧刻度值

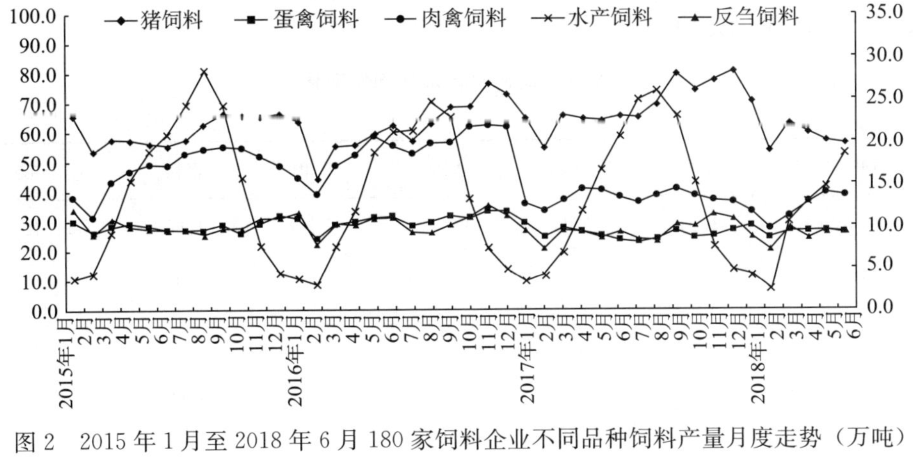

图 2　2015 年 1 月至 2018 年 6 月 180 家饲料企业不同品种饲料产量月度走势（万吨）

注：水产饲料和反刍饲料参考右侧刻度值

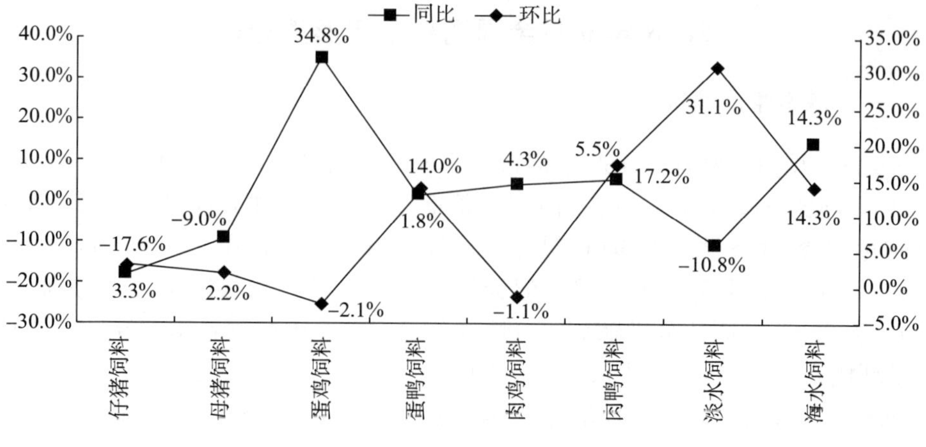

图 3　2018 年 6 月 180 家饲料企业不同品种饲料产量月度同比、环比

注：环比参考右侧刻度值

二、饲料原料采购价格情况

6 月，除棉粕价格环比上涨外，其他主要饲料原料和饲料添加剂价格均走低。环比中，国储玉米拍卖常态运行，玉米价格承压下行，价格环比下降 1.0%；6 月中，中美贸易摩擦升级，豆粕行情随之走高，但因上半月价格回调，月度均价环比下降 2.8%。麦麸、菜粕分别受玉米、豆粕价格联动效应影响，价格环比分别下降 0.6%、0.8%；棉籽正值青黄不接，棉粕供应紧张，价格环比增长 0.7%。随着秘鲁本季鱼粉集中到货，进口鱼粉价格环比下降 3.4%。生猪养殖不振，赖氨酸、蛋氨酸市场缺乏支撑，月度均价皆走低（表 1、表 2、图 4、图 5）。

表 1　饲料原料采购均价变化

单位：元/千克、%

项　目	玉米	豆粕	棉粕	菜粕	麦麸	进口鱼粉
2018 年 6 月	1.94	3.17	2.87	2.45	1.66	11.42
环比	−1.0	−2.8	0.7	−0.8	−0.6	−3.4
同比	8.9	9.8	4.8	3.8	3.7	6.2
2018 年 1～6 月	1.97	3.22	2.80	2.43	1.69	12.37
累计同比	11.3	−0.6	−2.8	0.4	3.0	6.5

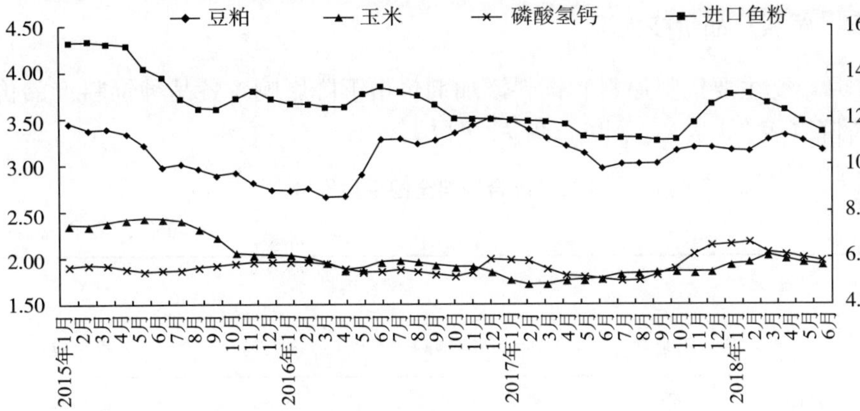

图 4　2015 年 1 月至 2018 年 6 月饲料大宗原料月度采购均价走势（元/千克）

注：进口鱼粉价格参考右侧刻度值

表 2　饲料添加剂采购均价

单位：元/千克、%

项　目	磷酸氢钙	赖氨酸（98.5%）	赖氨酸（65%）	蛋氨酸（固体）	蛋氨酸（液体）
2018 年 6 月	1.98	7.84	4.49	18.19	15.17
环比	−1.5	−4.5	−2.8	−3.0	−6.0
同比	12.9	0.0	−9.4	−9.1	−10.7
2018 年 1～6 月	2.08	8.46	4.71	19.76	16.67
累计同比	10.6	−7.2	−15.0	−14.8	−16.8

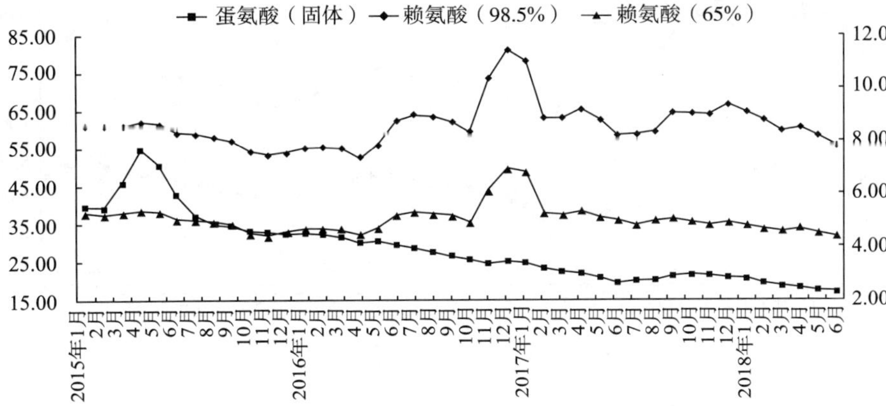

图 5　2015 年 1 月至 2018 年 6 月赖氨酸、蛋氨酸月度采购均价走势（元/千克）

注：赖氨酸（98.5%）和赖氨酸（65%）价格参考右侧刻度值

三、饲料产品价格情况

6月，受主要饲料原料和饲料添加剂价格下降影响，各品种饲料产品价格环比皆降（表3、表4、图6、图7、图8）。

表3　配合饲料全国平均价格

单位：元/千克、%

项　目	配合饲料			
	育肥猪	蛋鸡高峰	肉大鸡	鲤鱼成鱼
2018年6月	3.20	2.82	3.09	4.33
环比	−0.3	−0.7	−1.6	−1.4
同比	4.6	2.5	1.6	8.5
2018年1～6月	3.21	2.83	3.12	4.28
累计同比	3.5	1.8	1.3	6.7

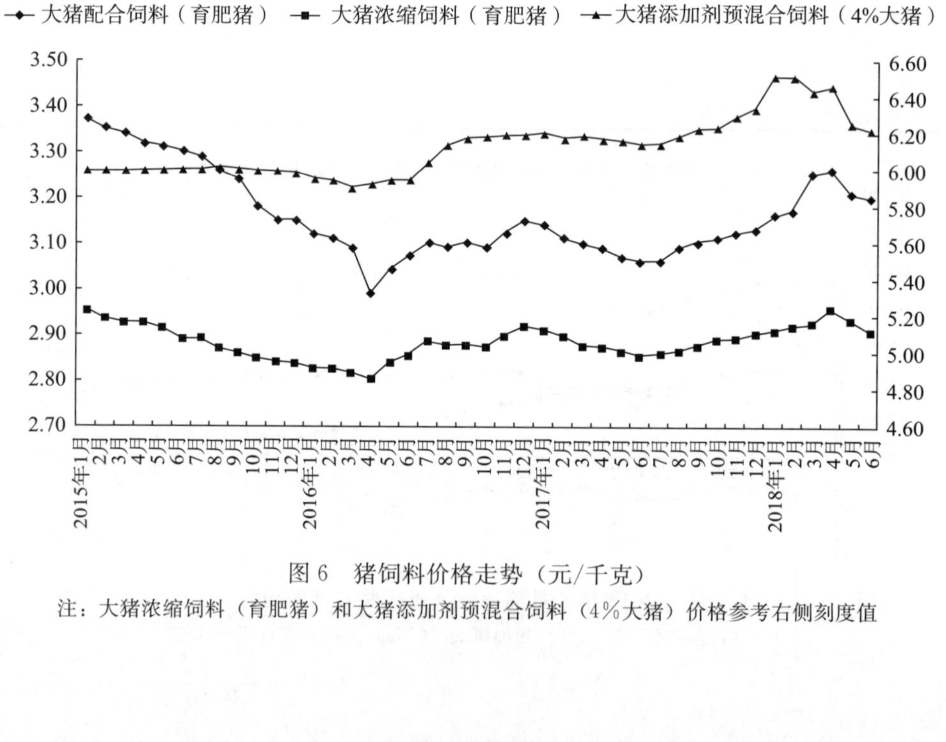

图6　猪饲料价格走势（元/千克）

注：大猪浓缩饲料（育肥猪）和大猪添加剂预混合饲料（4%大猪）价格参考右侧刻度值

表 4　浓缩饲料和添加剂预混合饲料全国平均价格

单位：元/千克、%

项　目	浓缩饲料			添加剂预混合饲料		
	育肥猪	蛋鸡高峰	肉大鸡	4%大猪	5%蛋鸡高峰	5%肉大鸡
2018 年 6 月	5.12	3.81	4.22	6.22	5.58	6.00
环比	−1.2	−1.0	−0.2	−0.5	−0.5	−0.7
同比	2.8	2.4	1.0	1.3	2.4	1.9
2018 年 1～6 月	5.16	3.84	4.30	6.40	5.72	6.09
累计同比	2.2	1.9	1.7	3.7	4.8	3.2

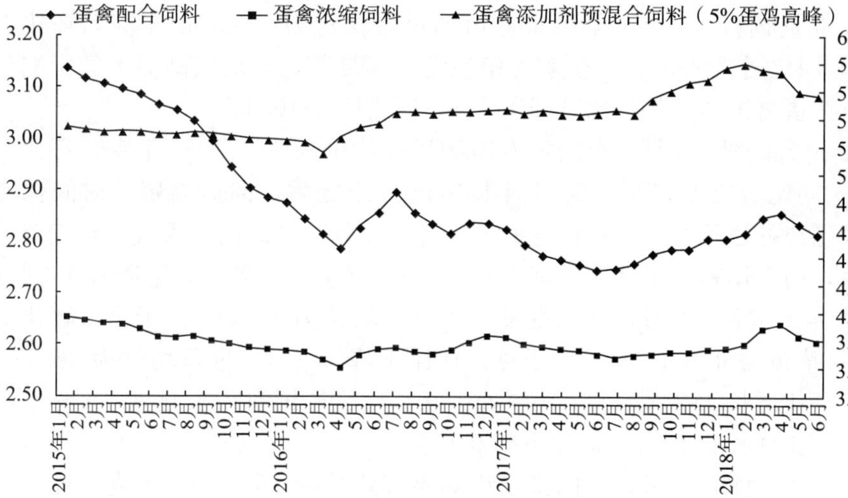

图 7　蛋禽饲料价格走势（元/千克）

注：蛋禽浓缩饲料和蛋禽添加剂预混合饲料（5%蛋鸡高峰）价格参考右侧刻度值

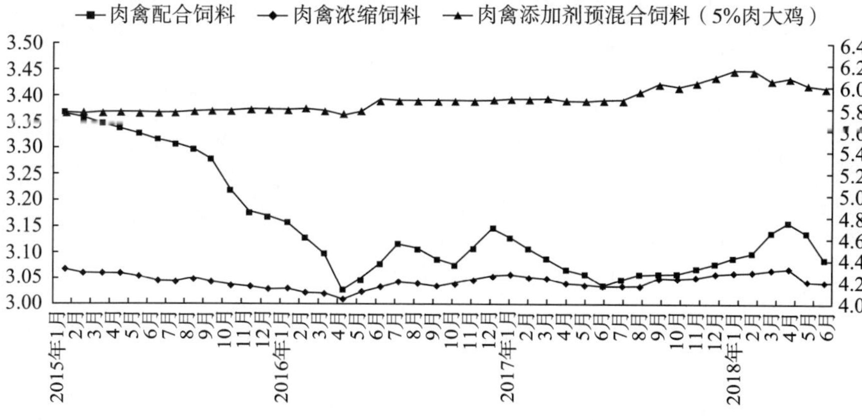

图 8　肉禽饲料价格走势（元/千克）

注：肉禽浓缩饲料和肉禽添加剂预混合饲料（5%肉大鸡）价格参考右侧刻度值

四、本月饲料和畜牧行业值得关注的情况

1. 猪饲料。6 月，全国批发市场毛猪均价为 12.11 元/千克，环比增长 14.3%，同比下降 8.4%。由于猪价长期处于低位，养殖户持续亏损，抵触情绪增加，规模场提价叠加市场标准体重生猪供应明显偏紧，猪价上涨，价格逼近大集团企业养殖成本线，但仍处于亏损状态。持续亏损不利于饲料需求的恢复，但 6 月猪饲料产量环比降幅收窄。6 月猪饲料产量 57.3 万吨，环比下降 1.4%，同比下降 14.0%。

2. 蛋禽饲料。6 月，全国批发市场鸡蛋均价为 7.71 元/千克，环比下降 0.8%，同比增长 29.8%。蛋鸡养殖规模持续复苏，但高温高湿天气影响蛋鸡采食量，蛋禽饲料产量环比下降 1.9%，同比增长 10.4%。

3. 肉禽饲料。6 月，全国批发市场活鸡均价为 17.42 元/千克，环比下降 5.6%，同比增长 13.7%。2017 年调减部分产能后，肉禽养殖长时间保持盈利，养殖户补栏积极，存栏快速回升。进入 6 月，高温高湿天气导致肉鸡采食量下降，肉禽饲料产量环比下降 2.0%，同比下降 1.0%，同比降幅逐月收窄。

4. 水产饲料。6 月，全国批发市场鲤鱼均价为 12.50 元/千克，环比下降 0.3%；草鱼均价为 14.60 元/千克，环比下降 2.3%；带鱼均价为 36.43 元/千克，环比增长 1.2%。水产养殖处于旺季，水产饲料需求旺盛，6 月水产饲料产量环比增长 27.0%，同比下降 9.6%。

5. 反刍饲料。6 月，全国批发市场牛肉均价为 56.89 元/千克，环比下降 0.3%；羊肉均价为 54.90 元/千克，环比增长 0.3%。肉牛、肉羊供应呈现偏紧格局，牛肉、羊肉价格高位运行，养殖存栏缓慢恢复，6 月反刍饲料产量环比增长 1.1%，同比增长 2.2%。

2018 年 7 月全国饲料生产形势分析

一、基本生产情况

7 月，据重点跟踪的 180 家饲料企业统计数据显示，饲料总产量环比增长 3.0%，同比下降 3.1%。猪价回升，生猪养殖进入盈利期，饲喂积极性提高，但大猪存栏量处于相对低位，猪饲料产量环比增长 0.7%，同比下降 12.7%。蛋禽、肉禽养殖行情持续回升，因高温高湿天气影响采食量，蛋禽饲料产量环比下降 3.8%，肉禽饲料产量环比增长 1.0%。水产饲料季节性大幅增长，产量环比增长 25.0%，反刍饲料产量环比下降 3.2%（图 1、图 2、图 3）。

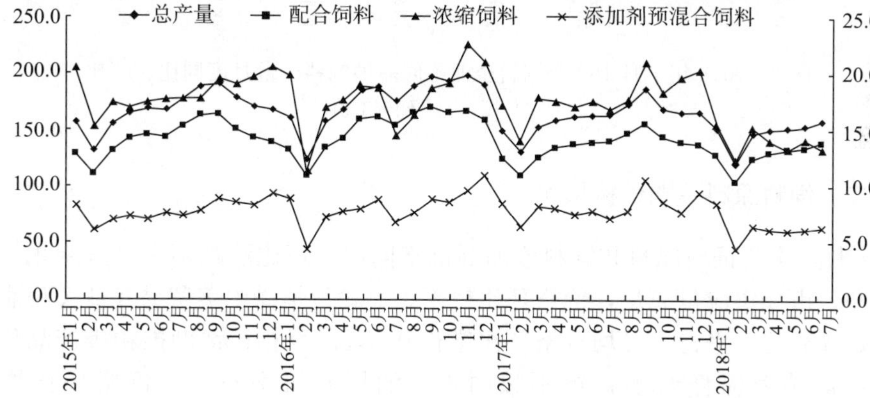

图 1　2015 年 1 月至 2018 年 7 月 180 家饲料企业产量月度走势（万吨）

注：浓缩饲料和添加剂预混合饲料参考右侧刻度值

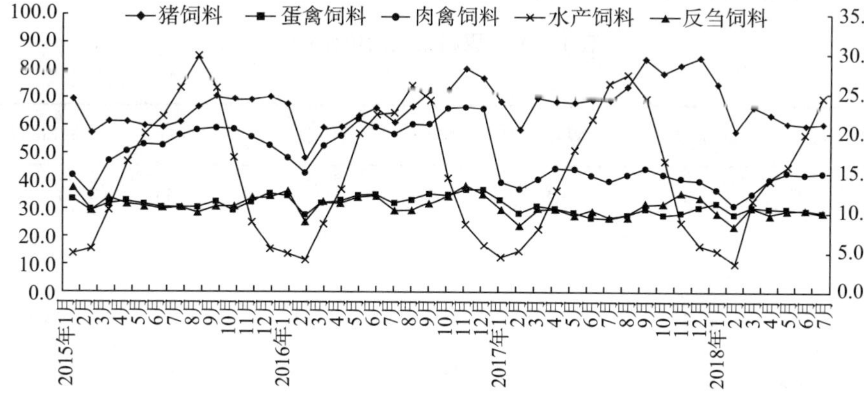

图 2　2015 年 1 月至 2018 年 7 月 180 家饲料企业不同品种饲料产量月度走势（万吨）

注：水产饲料和反刍饲料参考右侧刻度值

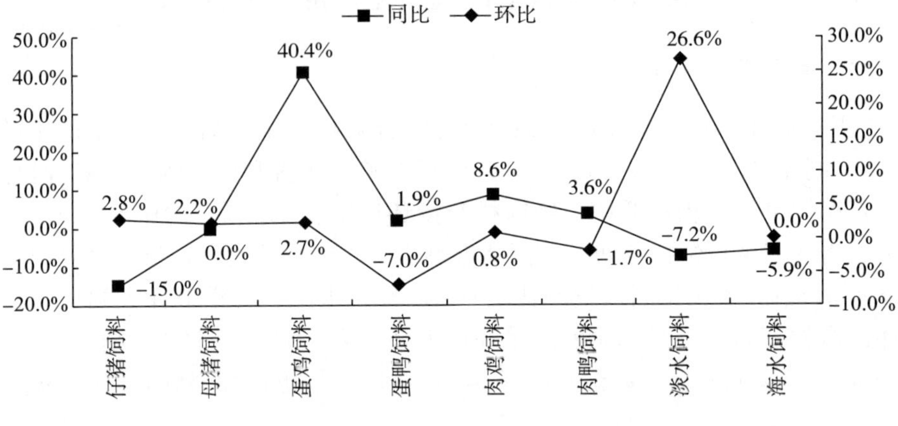

图 3　2018 年 7 月 180 家饲料企业不同品种饲料产量月度同比、环比

注：环比参考右侧刻度值

二、饲料原料采购价格情况

7 月，主要饲料原料和饲料添加剂价格同比、环比涨跌不一。玉米拍卖成交温和，市场供应量充足，价格环比持平。豆粕行情受中美贸易互征关税影响小幅走高后趋于平稳，月均价格环比增长 0.3%。豆粕行情助推粕类产品价格走高，棉粕因棉籽处于青黄不接时期，油厂开机率较低，价格环比增长 1.0%。菜粕因水产养殖旺季支撑需求，价格环比增长 1.2%。进口鱼粉到港量增多，价格回调，环比下降 0.4%。赖氨酸、蛋氨酸由于库存充足，市场需求不足，月度均价持续走跌（表 1、表 2、图 4、图 5）。

表 1　饲料原料采购均价变化

单位：元/千克、%

项　目	玉米	豆粕	棉粕	菜粕	麦麸	进口鱼粉
2018 年 7 月	1.94	3.18	2.90	2.48	1.65	11.37
环比	0.0	0.3	1.0	1.2	−0.6	−0.4
同比	5.4	5.6	6.2	6.0	−1.8	2.0
2018 年 1～7 月	1.97	3.21	2.81	2.43	1.69	12.22
累计同比	10.7	0.0	−1.7	0.8	3.0	5.8

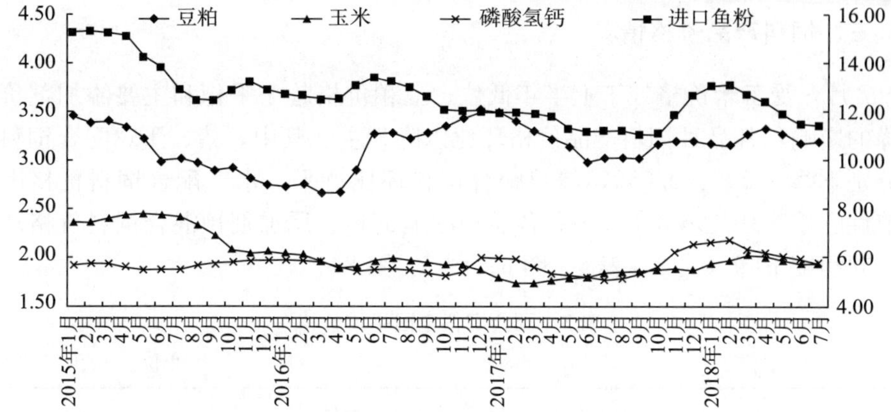

图4　2015年1月至2018年7月饲料大宗原料月度采购均价走势（元/千克）

注：进口鱼粉价格参考右侧刻度值

表2　饲料添加剂采购均价变化

单位：元/千克、%

项　目	磷酸氢钙	赖氨酸（98.5%）	赖氨酸（65%）	蛋氨酸（固体）	蛋氨酸（液体）
2018年7月	1.94	7.67	4.43	17.92	14.99
环比	−2.0	−2.2	−1.3	−1.5	−1.2
同比	10.2	−6.9	−10.1	−14.9	−17.4
2018年1～7月	2.06	8.35	4.67	19.50	16.43
累计同比	10.8	−7.1	−14.3	−14.8	−16.9

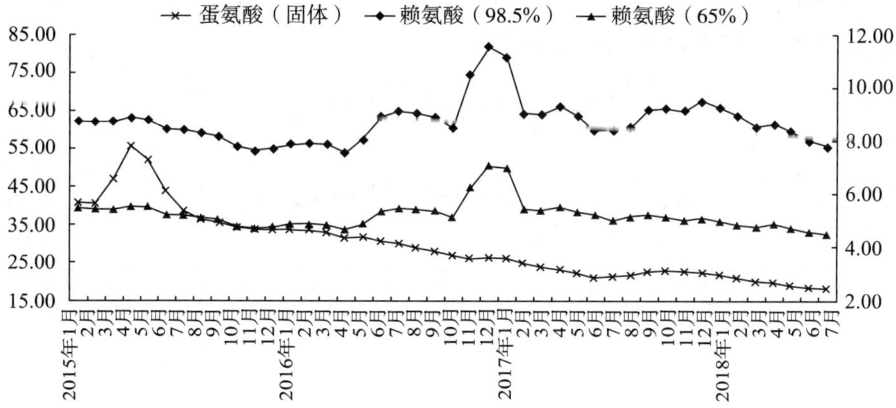

图5　2015年1月至2018年7月赖氨酸、蛋氨酸月度采购均价走势（元/千克）

注：赖氨酸（98.5%）和赖氨酸（65%）价格参考右侧刻度值

三、饲料产品价格情况

7月，受玉米价格处于上半年低位、豆粕价格趋于平稳和主要添加剂价格下降的影响，各品种饲料产品价格环比以降为主。其中，猪、蛋鸡配合饲料环比分别下降1.3%、0.7%，肉鸡配合饲料环比持平，水产配合饲料价格因为季节性旺季，环比增长0.7%。各品种浓缩饲料、添加剂预混合饲料价格环比皆不同程度下降（表3、表4、图6、图7、图8）。

表3　配合饲料全国平均价格

单位：元/千克、%

项　目	配合饲料			
	育肥猪	蛋鸡高峰	肉大鸡	鲤鱼成鱼
2018年7月	3.16	2.80	3.09	4.36
环比	−1.3	−0.7	0.0	0.7
同比	3.3	1.8	1.3	9.0
2018年1~7月	3.20	2.83	3.12	4.29
累计同比	3.6	1.8	1.3	7.0

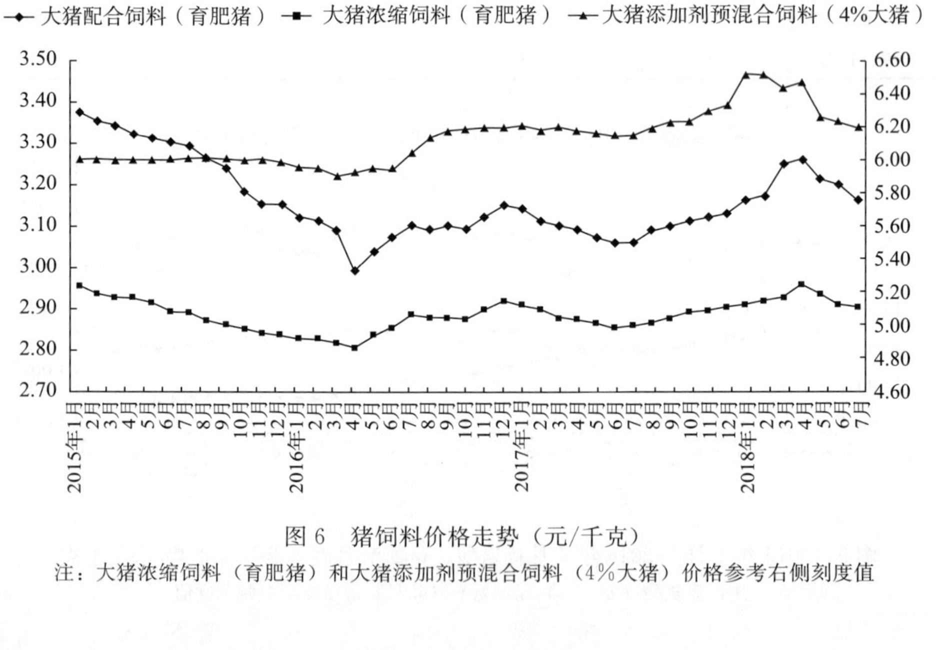

图6　猪饲料价格走势（元/千克）

注：大猪浓缩饲料（育肥猪）和大猪添加剂预混合饲料（4%大猪）价格参考右侧刻度值

表4　浓缩饲料和添加剂预混合饲料全国平均价格

单位：元/千克、%

项　目	浓缩饲料			添加剂预混合饲料		
	育肥猪	蛋鸡高峰	肉大鸡	4%大猪	5%蛋鸡高峰	5%肉大鸡
2018年7月	5.10	3.76	4.20	6.19	5.54	5.92
环比	−0.4	−1.3	−0.5	−0.5	−0.7	−1.3
同比	2.2	1.9	0.5	0.8	1.0	0.5
2018年1～7月	5.15	3.83	4.28	6.37	5.69	6.06
累计同比	2.2	1.9	1.4	3.2	4.2	2.7

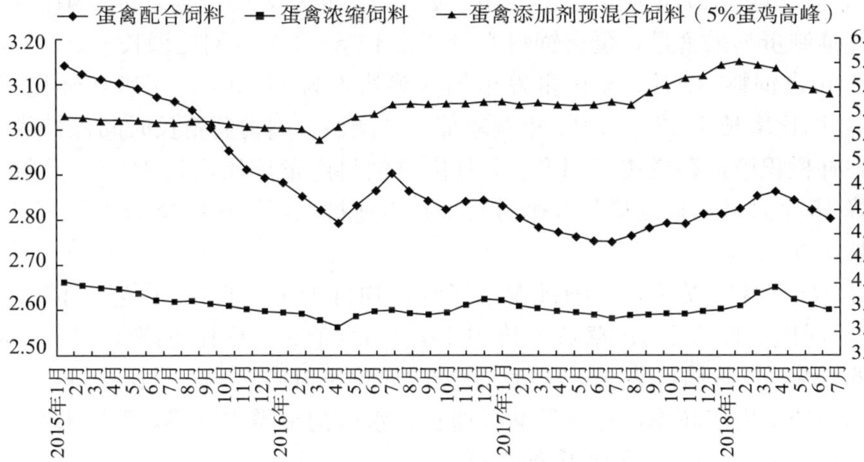

图7　蛋禽饲料价格走势（元/千克）

注：蛋禽浓缩饲料和蛋禽添加剂预混合饲料（5%蛋鸡高峰）价格参考右侧刻度值

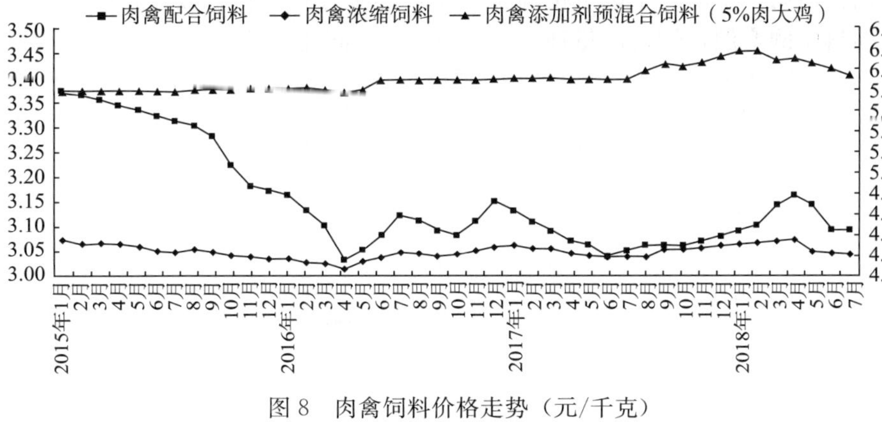

图8　肉禽饲料价格走势（元/千克）

注：肉禽浓缩饲料和肉禽添加剂预混合饲料（5%肉大鸡）价格参考右侧刻度值

四、本月饲料和畜牧行业值得关注的情况

1. 猪饲料。7 月，全国批发市场毛猪均价为 13.78 元/千克，环比增长 13.8%，同比增长 0.8%。由于前期生猪养殖持续亏损，补栏放缓，2017 年 12 月末到 2018 年 2 月初新生小猪存活率偏低，导致阶段性大猪供应偏少，猪价快速上涨。生猪养殖进入盈利期，饲料需求增加。但因大猪存栏量相对处于低位，7 月猪饲料产量 57.7 万吨，环比增长 0.7%，同比下降 12.7%。

2. 蛋禽饲料。7 月，全国批发市场鸡蛋均价为 7.63 元/千克，环比下降 1.0%，同比增长 27.1%。蛋禽养殖持续盈利，养殖规模持续复苏，但高温高湿天气抑制蛋鸡采食量，蛋禽饲料产量环比下降 3.8%，同比增长 9.9%。

3. 肉禽饲料。7 月，全国批发市场活鸡均价为 17.40 元/千克，环比下降 0.1%，同比增长 7.0%。2017 年调减部分产能后，肉禽养殖长时间保持盈利，养殖户补栏积极，存栏快速回升。7 月肉禽饲料产量环比增长 1.0%，同比连续下降 15 个月后，连续增长 2 个月且增幅迅速扩大，同比增长 7.3%（6 月同比增长 1.0%）。

4. 水产饲料。7 月，全国批发市场鲤鱼均价为 12.36 元/千克，环比下降 1.2%，同比增长 6.2%；草鱼均价为 14.42 元/千克，环比下降 1.3%，同比下降 6.0%；带鱼均价为 36.11 元/千克，环比下降 0.9%，同比下降 0.5%。水产养殖处于生产旺季，存塘量继续增长，水产饲料需求旺盛，7 月水产饲料产量环比增长 25.0%，同比下降 7.1%。

5. 反刍饲料。7 月，全国批发市场牛肉均价为 56.53 元/千克，环比下降 0.6%；羊肉均价为 54.84 元/千克，环比下降 0.1%。上半年肉牛、肉羊供应呈现偏紧格局，牛肉、羊肉价格高位运行，养殖存栏缓慢恢复。7 月夏季草料替代饲料比例增加，饲料产量环比下降 3.2%，同比增长 8.2%。

2018 年 8 月全国饲料生产形势分析

一、基本生产情况

8 月，据重点跟踪的 180 家饲料企业统计数据显示，饲料总产量环比增长 9.9%，同比增长 3.0%。8 月猪价快速上涨，养殖补栏积极性提升，加之临近“双节”，部分养殖户压栏惜售，增加了产品饲料使用量，猪饲料产量环比增长 11.4%，同比下降 6.6%。蛋禽、肉禽价格持续走高，养殖户补栏、投喂积极性高，蛋禽饲料产量环比增长 7.2%，肉禽饲料产量环比增长 8.6%。水产饲料进入生产旺季，产量环比增长 12.4%，同比仅增长 2.7%（图 1、图 2、图 3）。

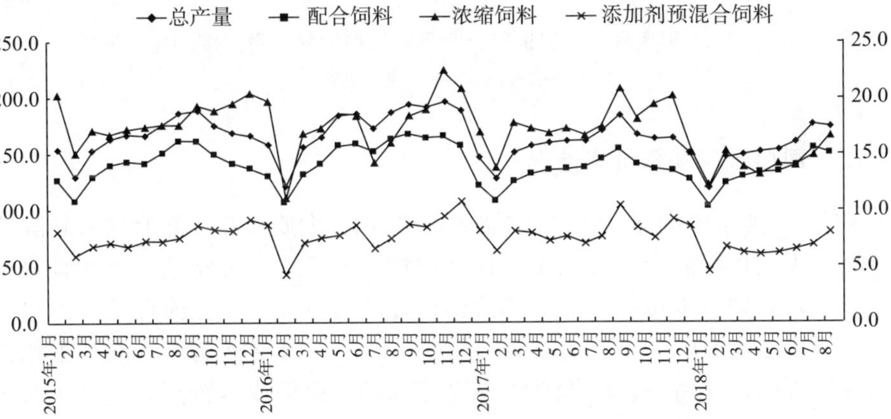

图 1　2015 年 1 月至 2018 年 8 月 180 家饲料企业产量月度走势（万吨）

注：浓缩饲料和添加剂预混合饲料参考右侧刻度值

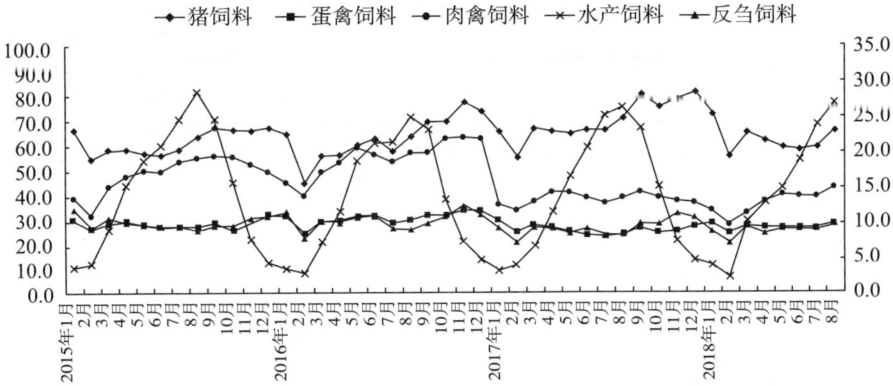

图 2　2015 年 1 月至 2018 年 8 月 180 家饲料企业不同品种饲料产量月度走势（万吨）

注：水产饲料和反刍饲料参考右侧刻度值

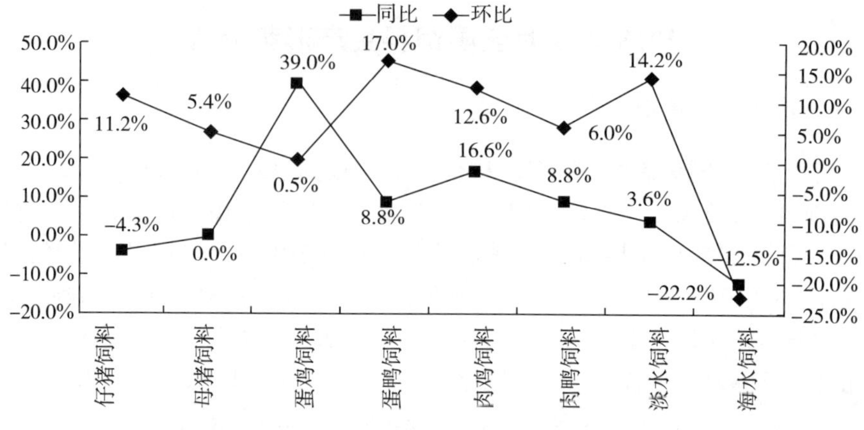

图 3 2018 年 8 月 180 家饲料企业不同品种饲料产量月度同比、环比

注：环比参考右侧刻度值

二、饲料原料采购价格情况

8 月，主要饲料原料和饲料添加剂价格环比以涨为主。玉米进入新陈玉米交替期，优质粮源需求支撑玉米价格环比增长 0.5%。大豆成本上涨且养殖业进入旺季，豆粕需求量增加，豆粕价格环比增长 3.1%。受棉籽青黄不接、棉粕供应量不足的影响，棉粕价格环比增长 2.8%。因菜籽陆续到港，菜粕供应量增加，价格环比持平。因饲料需求复苏和新季鱼粉成本较高，进口鱼粉价格止跌回升，环比增长 0.4%。由于市场供应充裕，蛋氨酸月度均价持续走跌（表 1、表 2、图 4、图 5）。

表 1 饲料原料采购均价变化

单位：元/千克、%

项 目	玉米	豆粕	棉粕	菜粕	麦麸	进口鱼粉
2018 年 8 月	1.95	3.28	2.98	2.48	1.66	11.41
环比	0.5	3.1	2.8	0.0	0.6	0.4
同比	5.4	8.6	8.4	5.5	1.8	2.1
2018 年 1～8 月	1.96	3.22	2.83	2.44	1.68	12.12
累计同比	9.5	0.9	−0.4	1.7	2.4	5.4

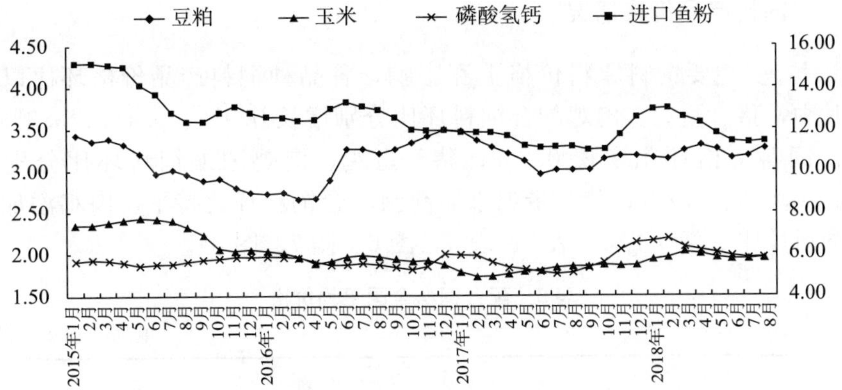

图 4　2015 年 1 月至 2018 年 8 月饲料大宗原料月度采购均价走势（元/千克）

注：进口鱼粉价格参考右侧刻度值

表 2　饲料添加剂采购均价变化

单位：元/千克、%

项　目	磷酸氢钙	赖氨酸（98.5%）	赖氨酸（65%）	蛋氨酸（固体）	蛋氨酸（液体）
2018 年 8 月	1.95	7.72	4.47	17.66	14.69
环比	0.5	0.7	0.9	−1.5	−2.0
同比	9.6	−7.5	−11.3	−17.0	−19.6
2018 年 1～8 月	2.04	8.27	4.65	19.27	16.21
累计同比	10.3	−7.2	−13.9	−15.1	−17.3

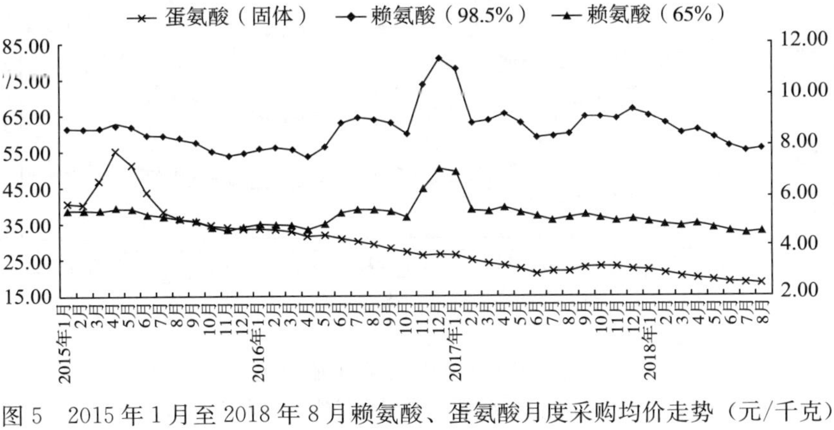

图 5　2015 年 1 月至 2018 年 8 月赖氨酸、蛋氨酸月度采购均价走势（元/千克）

注：赖氨酸（98.5%）和赖氨酸（65%）价格参考右侧刻度值

三、饲料产品价格情况

8月，受主要饲料原料价格上涨影响，各品种饲料产品价格环比以涨为主。其中，猪、蛋鸡、肉鸡配合饲料环比分别增长0.9%、0.4%、0.3%，水产配合饲料价格环比增长0.2%；猪、蛋鸡、肉鸡浓缩饲料环比分别增长0.4%、0.5%、0.2%；猪、蛋鸡添加剂预混合饲料环比持平，肉鸡添加剂预混合饲料环比下降0.2%（表3、表4、图6、图7、图8）。

表3　配合饲料全国平均价格

单位：元/千克、%

项　目	配合饲料			
	育肥猪	蛋鸡高峰	肉大鸡	鲤鱼成鱼
2018年8月	3.19	2.81	3.10	4.37
环比	0.9	0.4	0.3	0.2
同比	3.2	1.8	1.3	9.3
2018年1～8月	3.20	2.83	3.11	4.30
累计同比	3.6	1.8	1.0	7.2

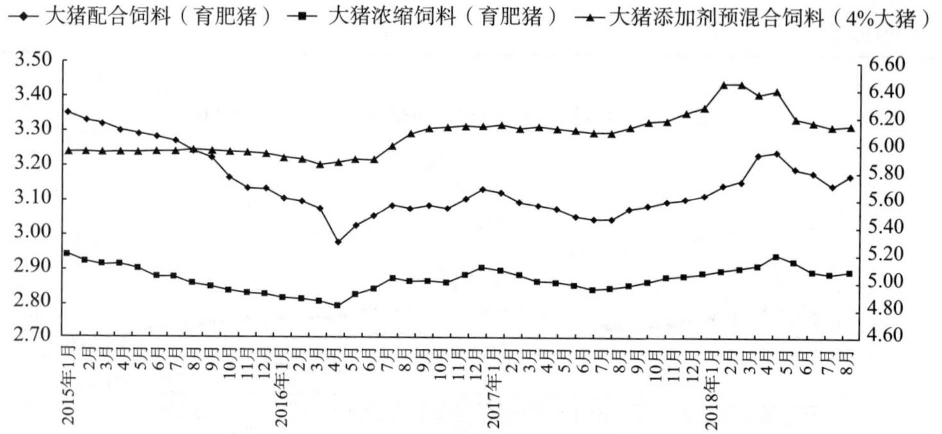

图6　猪饲料价格走势（元/千克）

注：大猪浓缩饲料（育肥猪）和大猪添加剂预混合饲料（4%大猪）价格参考右侧刻度值

表4　浓缩饲料和添加剂预混合饲料全国平均价格

单位：元/千克、%

项　目	浓缩饲料			添加剂预混合饲料		
	育肥猪	蛋鸡高峰	肉大鸡	4%大猪	5%蛋鸡高峰	5%肉大鸡
2018年8月	5.12	3.78	4.21	6.19	5.54	5.91
环比	0.4	0.5	0.2	0.0	0.0	−0.2
同比	2.2	1.9	0.7	0.2	1.7	−1.0
2018年1～8月	5.15	3.82	4.27	6.35	5.67	6.04
累计同比	2.4	1.9	1.2	2.9	3.8	2.2

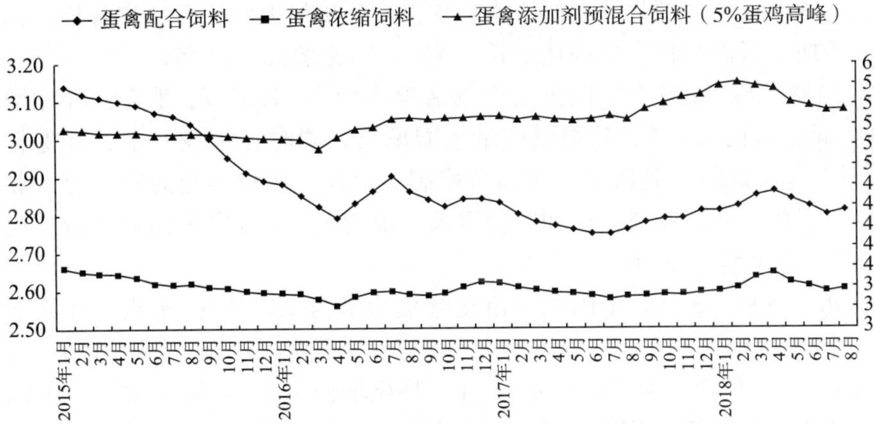

图7　蛋禽饲料价格走势（元/千克）

注：蛋禽浓缩饲料和蛋禽添加剂预混合饲料（5%蛋鸡高峰）价格参考右侧刻度值

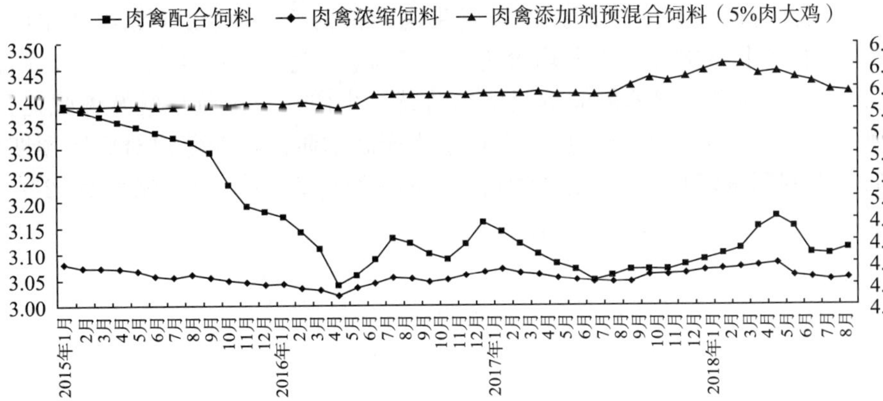

图8　肉禽饲料价格走势（元/千克）

注：肉禽浓缩饲料和肉禽添加剂预混合饲料（5%肉大鸡）价格参考右侧刻度值

四、本月饲料和畜牧行业值得关注的情况

1. 猪饲料。8 月，全国批发市场毛猪均价为 15.20 元/千克，环比增长 10.3%，同比增长 3.1%。大猪阶段性供应偏紧叠加疫情影响生猪流通，猪价快速上涨，养殖户补栏、投喂需求旺盛，加之临近“双节”和猪肉消费旺季，部分养殖户看好后市，压栏待售推动养殖户使用商品饲料。8 月猪饲料产量 66.4 万吨，环比增长 11.4%，同比下降 6.6%。

2. 蛋禽饲料。8 月，全国批发市场鸡蛋均价为 9.36 元/千克，环比增长 22.7%，同比增长 15.8%。8 月高温天气影响蛋鸡产蛋率，加之食品厂为中秋节提前备货以及学校开学等利好因素，支撑鸡蛋价格上涨，养殖户补栏、饲喂积极性增加。蛋禽饲料产量环比增长 7.2%，同比增长 16.5%。

3. 肉禽饲料。8 月，全国批发市场活鸡均价为 17.67 元/千克，环比增长 1.5%，同比增长 4.9%。毛鸡供应量依旧偏紧，同时在学校开学、环保督察“回头看”等利好因素刺激下，鸡肉价格震荡上涨。肉禽养殖盈利丰厚，养殖户补栏、饲喂积极，养殖存栏和饲料需求小幅增长。8 月肉禽饲料产量环比增长 8.6%，同比增长 10.0%。

4. 水产饲料。8 月，全国批发市场鲤鱼均价为 12.29 元/千克，环比下降 0.5%，同比增长 3.6%；草鱼均价为 14.11 元/千克，环比下降 2.1%，同比下降 8.4%；带鱼均价为 36.55 元/千克，环比增长 1.2%，同比增长 1.0%。8 月水产养殖处于生产高峰期，存塘量继续增长，水产饲料需求旺盛，但受多地台风、暴雨、高温影响，8 月水产饲料产量环比增长 12.4%，同比增长 2.7%。

5. 反刍饲料。8 月，全国批发市场牛肉均价为 56.88 元/千克，环比增长 0.6%，同比增长 6.8%；羊肉均价为 55.22 元/千克，环比增长 0.7%，同比增长 19.2%。肉牛、肉羊供应偏紧格局持续，牛肉、羊肉价格继续偏强运行。随着奶牛、肉牛、肉羊养殖逐步进入秋季生产旺季阶段，养殖户对后市预期乐观，反刍饲料需求增长。8 月反刍饲料产量环比增长 7.4%，同比增长 20.2%。

2018 年 9 月全国饲料生产形势分析

一、基本生产情况

9 月，据重点跟踪的 180 家饲料企业统计数据显示，饲料总产量环比下降 0.7%，同比下降 5.6%。由于非洲猪瘟疫情防控需要，禁止疫区生猪跨省调运，造成北方生猪主产区大猪惜售，猪价下跌，新玉米上市，多因素叠加导致浓缩饲料消费量上升、配合饲料消费量下降；南方主销区生猪供应偏紧，生猪出栏体重下降，饲料需求降低。加上 2017 年同期猪饲料产量基数较高，9 月全国猪饲料产量同比下降 14.1%，环比增长 4.7%，增速放缓。蛋禽养殖进入秋季生产旺季，且养殖利润处于历史高位，蛋禽饲料产量环比增长 2.1%；肉禽因节日备货出栏量明显增加，肉禽饲料产量环比下降 1.2%。水产饲料受台风等异常天气影响，产量环比下降 19.2%，同比下降 6.8%（图 1、图 2、图 3）。

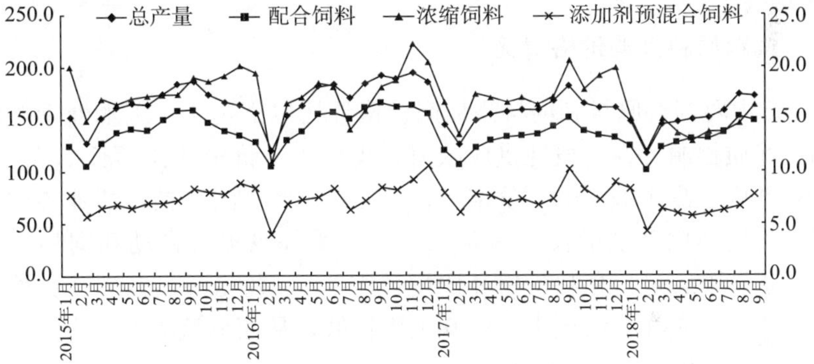

图 1　2015 年 1 月至 2018 年 9 月 180 家饲料企业产量月度走势（万吨）

注：浓缩饲料和添加剂预混合饲料参考右侧刻度值

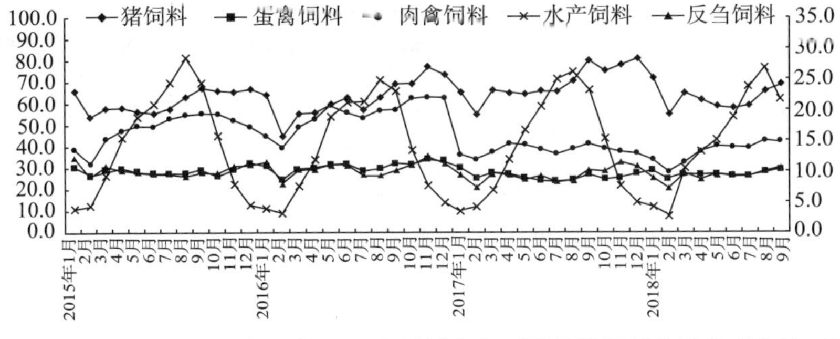

图 2　2015 年 1 月至 2018 年 9 月 180 家饲料企业不同品种饲料产量月度走势（万吨）

注：水产饲料和反刍饲料参考右侧刻度值

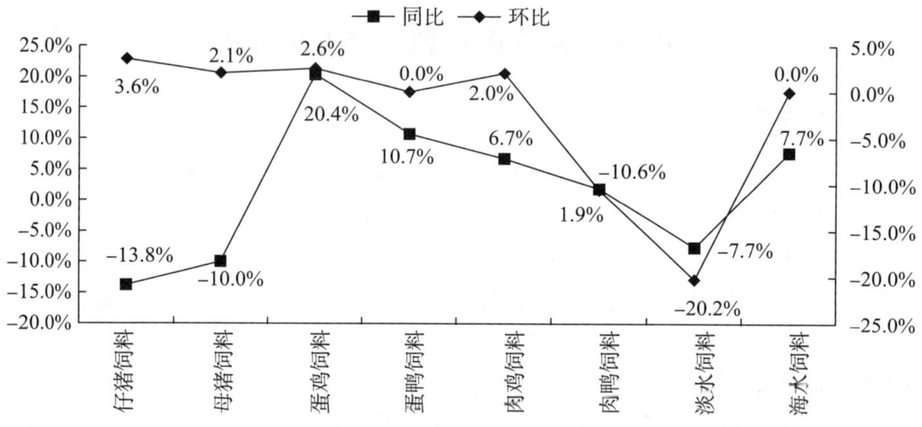

图 3　2018 年 9 月 180 家饲料企业不同品种饲料产量月度同比、环比

注：环比参考右侧刻度值

二、饲料原料采购价格情况

9 月，主要饲料原料和饲料添加剂价格环比以涨为主。玉米处于新陈玉米交替期，优质粮源存在阶段性供应缺口，支撑玉米价格环比增长 0.5%。豆粕受大豆到港成本高企的影响，价格环比增长 3.4%。因豆粕行情强势支撑，棉粕、菜粕价格环比分别增长 0.7%、1.6%。受外盘提价带动和饲料企业“双节”前备货影响，进口鱼粉价格环比增长 1.2%。赖氨酸受杂粕、豆粕替代因素需求量增加，叠加赖氨酸生产厂开工率较低，从而赖氨酸月度均价呈现走高行情（表 1、表 2、图 4、图 5）。

表 1　饲料原料采购均价变化

单位：元/千克、%

项　目	玉米	豆粕	棉粕	菜粕	麦麸	进口鱼粉
2018 年 9 月	1.96	3.39	3.00	2.52	1.63	11.55
环比	0.5	3.4	0.7	1.6	−1.8	1.2
同比	5.9	12.6	9.5	6.8	10.9	4.7
2018 年 1～9 月	1.96	3.24	2.85	2.45	1.68	12.06
累计同比	9.5	2.2	0.7	2.5	3.7	5.3

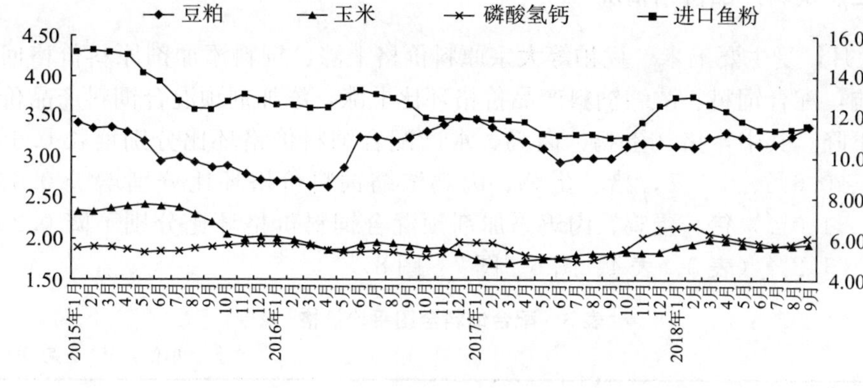

图 4　2015 年 1 月至 2018 年 9 月饲料大宗原料月度采购均价走势（元/千克）

注：进口鱼粉价格参考右侧刻度值

表 2　饲料添加剂采购均价变化

单位：元/千克、%

项　目	磷酸氢钙	赖氨酸（98.5%）	赖氨酸（65%）	蛋氨酸（固体）	蛋氨酸（液体）
2018 年 9 月	2.04	7.85	4.61	17.65	14.69
环比	4.6	1.7	3.1	−0.1	0.0
同比	11.5	−13.0	−10.5	−20.9	−20.7
2018 年 1～9 月	2.04	8.22	4.64	19.09	16.21
累计同比	10.3	−7.8	−13.6	−15.7	−16.7

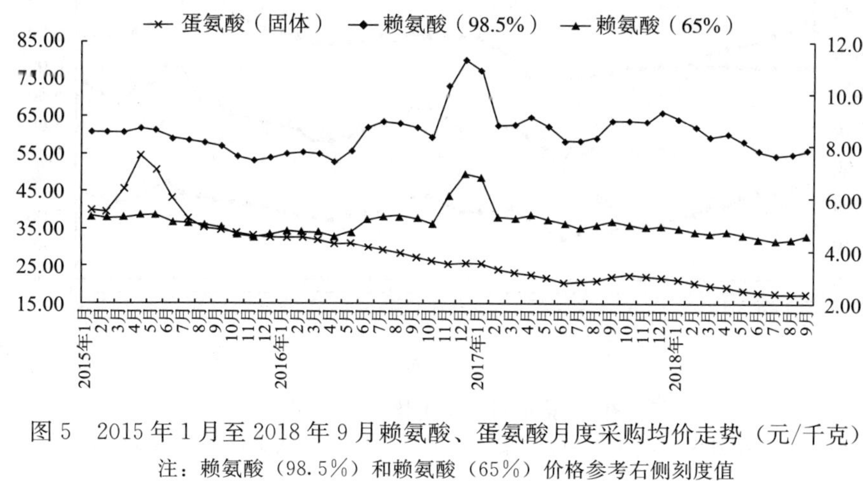

图 5　2015 年 1 月至 2018 年 9 月赖氨酸、蛋氨酸月度采购均价走势（元/千克）

注：赖氨酸（98.5%）和赖氨酸（65%）价格参考右侧刻度值

三、饲料产品价格情况

9 月，受主要玉米、豆粕等大宗原料价格上涨、饲料添加剂原料价格回调的影响，配合饲料、浓缩饲料产品价格环比上涨，添加剂预混合饲料产品价格环比下降。其中，猪、蛋鸡、肉鸡、水产配合饲料价格环比分别增长 0.6%、1.4%、0.6%、0.5%，猪、蛋鸡、肉鸡浓缩饲料价格环比分别增长 0.6%、1.1%、1.0%，猪、蛋鸡、肉鸡添加剂预混合饲料价格环比分别下降 0.2%、0.4%、1.2%（表 3、表 4、图 6、图 7、图 8）。

表 3　配合饲料全国平均价格

单位：元/千克、%

项　目	配合饲料			
	育肥猪	蛋鸡高峰	肉大鸡	鲤鱼成鱼
2018 年 9 月	3.21	2.85	3.12	4.39
环比	0.6	1.4	0.6	0.5
同比	3.5	2.5	2.0	9.7
2018 年 1～9 月	3.20	2.83	3.11	4.31
累计同比	3.6	1.8	1.3	7.5

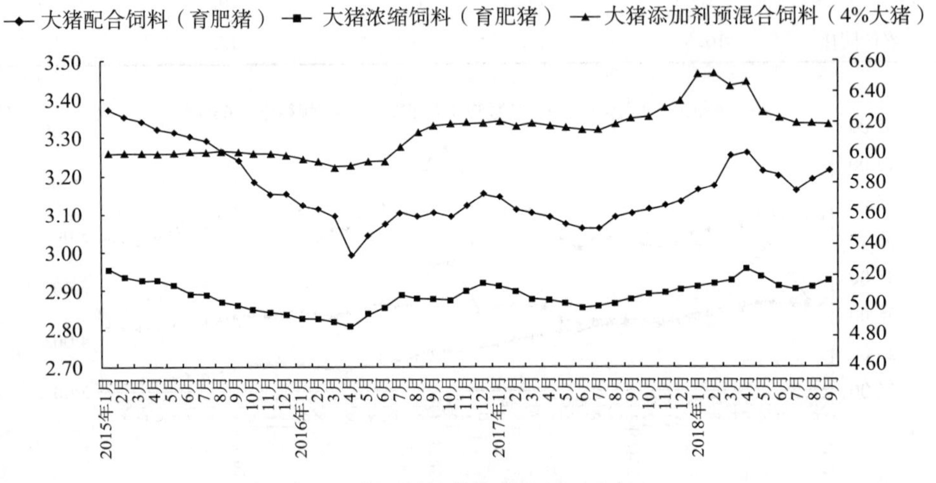

图 6　猪饲料价格走势（元/千克）

注：大猪浓缩饲料（育肥猪）和大猪添加剂预混合饲料（4%大猪）价格参考右侧刻度值

表 4　浓缩饲料和添加剂预混合饲料全国平均价格

单位：元/千克、%

项　目	浓缩饲料			添加剂预混合饲料		
	育肥猪	蛋鸡高峰	肉大鸡	4%大猪	5%蛋鸡高峰	5%肉大鸡
2018 年 9 月	5.15	3.82	4.25	6.18	5.52	5.84
环比	0.6	1.1	1.0	−0.2	−0.4	−1.2
同比	2.2	2.7	0.0	−0.6	−0.5	−3.2
2018 年 1～9 月	5.15	3.82	4.27	6.33	5.66	6.02
累计同比	2.4	1.9	1.2	2.6	3.5	1.7

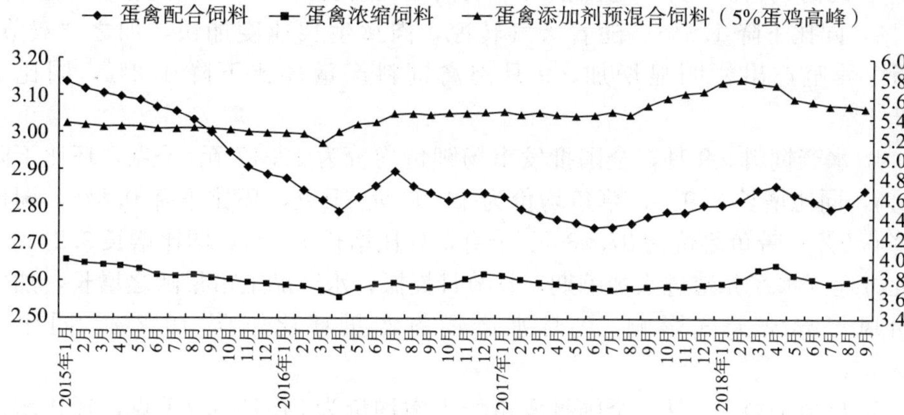

图 7　蛋禽饲料价格走势（元/千克）

注：蛋禽浓缩饲料和蛋禽添加剂预混合饲料（5%蛋鸡高峰）价格参考右侧刻度值

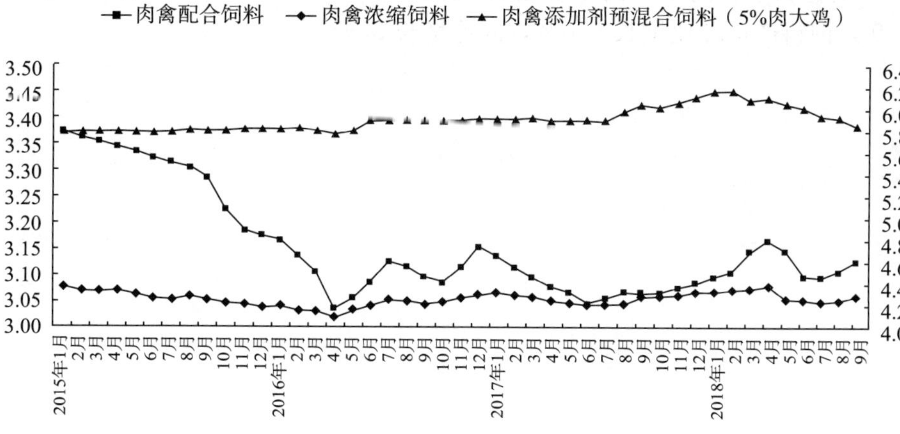

图 8　肉禽饲料价格走势（元/千克）

注：肉禽浓缩饲料和肉禽添加剂预混合饲料（5%肉大鸡）价格参考右侧刻度值

四、本月饲料和畜牧行业值得关注的情况

1. 猪饲料。9 月，全国批发市场毛猪均价为 15.80 元/千克，环比增长 4.0%，同比下降 0.5%。猪饲料受非洲猪瘟疫情影响显现，9 月全国猪饲料产量同比下降 14.1%，环比增长 4.7%。

2. 蛋禽饲料。9 月，全国批发市场鸡蛋均价为 9.80 元/千克，环比下降 0.1%，同比增长 19.9%。养殖户补栏、饲喂积极性增加，蛋禽饲料产量环比增长 2.1%，同比增长 6.3%。

3. 肉禽饲料。9 月，全国批发市场活鸡均价为 17.51 元/千克，环比下降 1.1%，同比下降 1.3%。随着天气转凉，肉禽生长速度加快，加之“双节”临近，养殖户出栏明显增加，9 月肉禽饲料产量环比下降 1.2%，同比增长 2.4%。

4. 水产饲料。9 月，全国批发市场鲤鱼均价为 12.17 元/千克，环比下降 1.0%，同比增长 2.9%；草鱼均价为 14.00 元/千克，环比下降 0.8%，同比下降 6.9%；带鱼均价为 37.03 元/千克，环比增长 1.3%，同比增长 3.2%。9 月北方地区水产养殖进入萎缩期，且节日提振，水产品上市量随之增长，加之受台风等异常天气影响，9 月水产饲料产量环比下降 19.2%，同比下降 6.8%。

5. 反刍饲料。9 月，全国批发市场牛肉均价为 57.78 元/千克，环比增长 1.6%，同比增长 7.5%；羊肉均价为 55.66 元/千克，环比增长 0.8%，同比增长 15.9%。随着天气转凉，奶牛进入生产旺季，牛肉、羊肉消费需求持续增加。随着奶牛、肉牛、肉羊养殖进入秋季生产旺季阶段，反刍饲料需求增长。9 月饲料产量环比增长 5.0%，同比增长 3.9%。

2018 年 10 月全国饲料生产形势分析

一、基本生产情况

10 月，据重点跟踪的 180 家饲料企业统计数据显示，饲料总产量环比下降 3.0%，同比增长 1.4%。“双节”备货和饲料产品调价前的备货叠加影响，透支了饲料产量。由于禁止非洲猪瘟疫区生猪跨省调运，造成北方生猪主产区大猪惜售，猪价下跌，养殖规模缩减；南方主销区生猪供应偏紧，养殖生猪出栏体重下降，补栏意愿较低，饲料需求继续下降。10 月全国猪饲料产量同比下降 6.9%，环比增长 1.7%，增速放缓。产蛋期蛋禽存栏量相对低位，蛋禽饲料产量环比下降 1.0%。由于 9 月集中出栏，肉禽存栏量偏低，肉禽饲料产量环比下降 2.6%（图 1、图 2、图 3）。

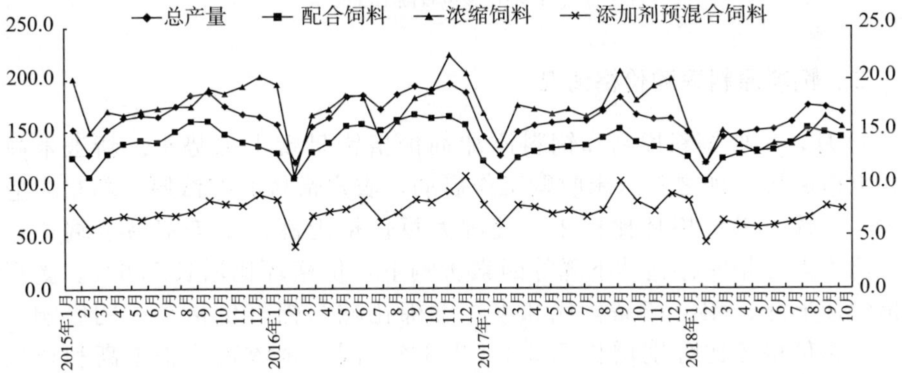

图 1　2015 年 1 月至 2018 年 10 月 180 家饲料企业产量月度走势（万吨）

注：浓缩饲料和添加剂预混合饲料参考右侧刻度值

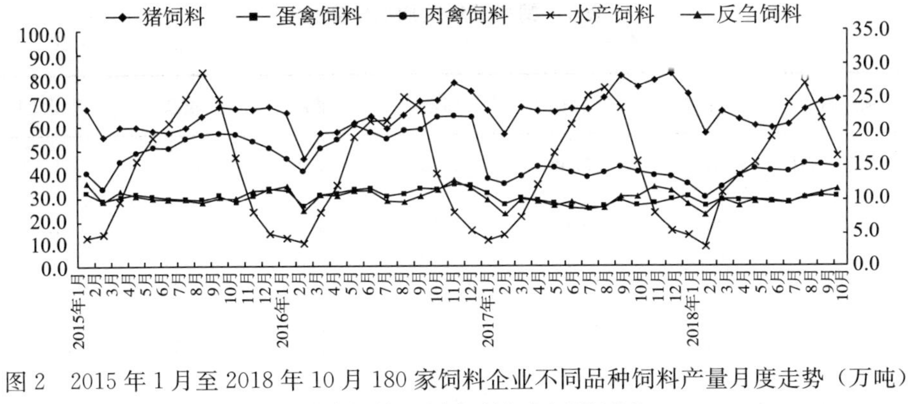

图 2　2015 年 1 月至 2018 年 10 月 180 家饲料企业不同品种饲料产量月度走势（万吨）

注：水产饲料和反刍饲料参考右侧刻度值

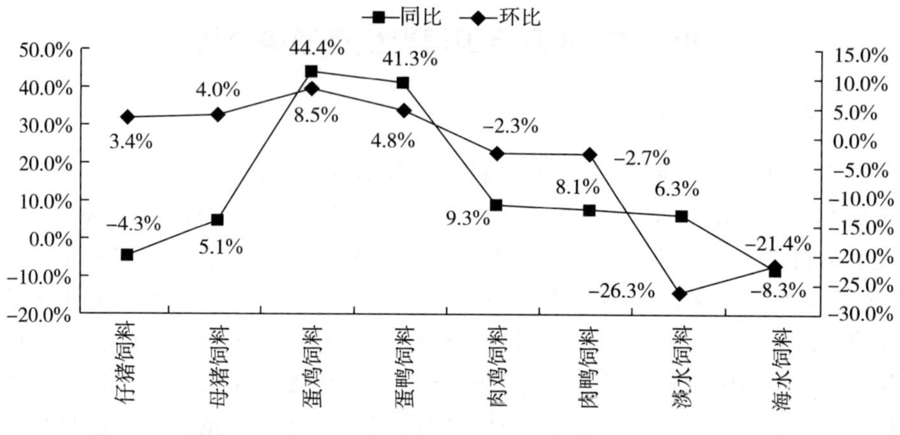

图 3　2018 年 10 月 180 家饲料企业不同品种饲料产量月度同比、环比

注：环比参考右侧刻度值

二、饲料原料采购价格情况

10 月，主要饲料原料和饲料添加剂价格皆呈现上涨势头。新玉米尚未达到上市高峰，加之新玉米收购工作启动，农户惜售心态浓厚，新粮供应量偏少，支撑玉米价格环比持平。美国大豆价格上涨、中美贸易争端持续升级、国内大豆粕库存连续下降等因素影响下，价格环比增长 5.6%。受豆粕行情快速上涨、粕类产品替代和本年度棉花减产棉籽价格高企的影响，棉粕、菜粕价格环比分别增长 7.3%、2.8%。因玉米收购价格走高和杂粕替代豆粕增多，氨基酸需求量增加，赖氨酸、蛋氨酸价格偏强运行（表 1、表 2、图 4、图 5）。

表 1　饲料原料采购均价变化

单位：元/千克、%

项　目	玉米	豆粕	棉粕	菜粕	麦麸	进口鱼粉
2018 年 10 月	1.96	3.58	3.22	2.59	1.64	11.67
环比	0.0	5.6	7.3	2.8	0.6	1.0
同比	4.8	13.7	18.4	9.7	5.8	5.6
2018 年 1～10 月	1.96	3.28	2.89	2.46	1.67	12.02
累计同比	8.9	3.5	2.5	2.9	3.1	5.3

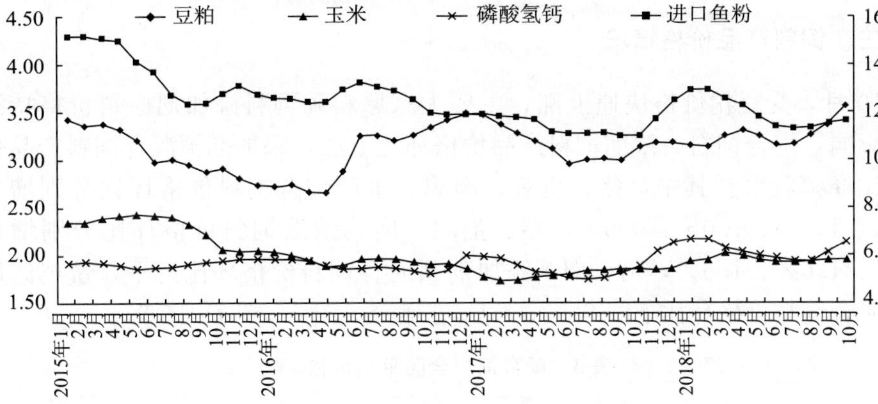

图4　2015年1月至2018年10月饲料大宗原料月度采购均价走势（元/千克）

注：进口鱼粉价格参考右侧刻度值

表2　饲料添加剂采购均价变化

单位：元/千克、%

项　目	磷酸氢钙	赖氨酸（98.5%）	赖氨酸（65%）	蛋氨酸（固体）	蛋氨酸（液体）
2018年10月	2.14	8.07	4.73	18.71	15.27
环比	4.9	2.8	2.6	6.0	3.9
同比	12.6	−10.2	−6.0	−17.4	−21.2
2018年1～10月	2.05	8.21	4.65	19.05	15.96
累计同比	10.2	−8.1	−12.9	−15.9	−18.0

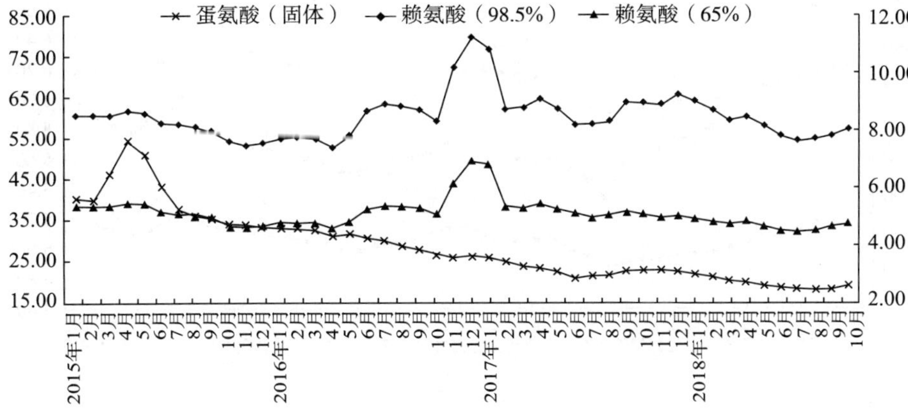

图5　2015年1月至2018年10月赖氨酸、蛋氨酸月度采购均价走势（元/千克）

注：赖氨酸（98.5%）和赖氨酸（65%）价格参考右侧刻度值

三、饲料产品价格情况

10 月，受豆粕价格快速上涨、主要大宗原料和饲料添加剂原料价格持续走高影响，配合饲料、浓缩饲料产品价格环比上涨，添加剂预混合饲料产品价格环比降幅收窄。其中，猪、蛋鸡、肉鸡、水产配合饲料价格环比分别增长 0.9%、1.4%、1.0%、0.5%，猪、蛋鸡、肉鸡浓缩饲料价格环比分别增长 2.1%、1.6%、1.6%，猪、肉鸡添加剂预混合饲料价格环比持平，蛋鸡添加剂预混合饲料价格环比下降 0.5%（表 3、表 4、图 6、图 7、图 8）。

表 3　配合饲料全国平均价格

单位：元/千克、%

项　目	配合饲料			
	育肥猪	蛋鸡高峰	肉大鸡	鲤鱼成鱼
2018 年 10 月	3.24	2.89	3.15	4.41
环比	0.9	1.4	1.0	0.5
同比	4.2	3.6	2.9	8.9
2018 年 1～10 月	3.21	2.84	3.12	4.32
累计同比	3.9	2.2	1.6	7.7

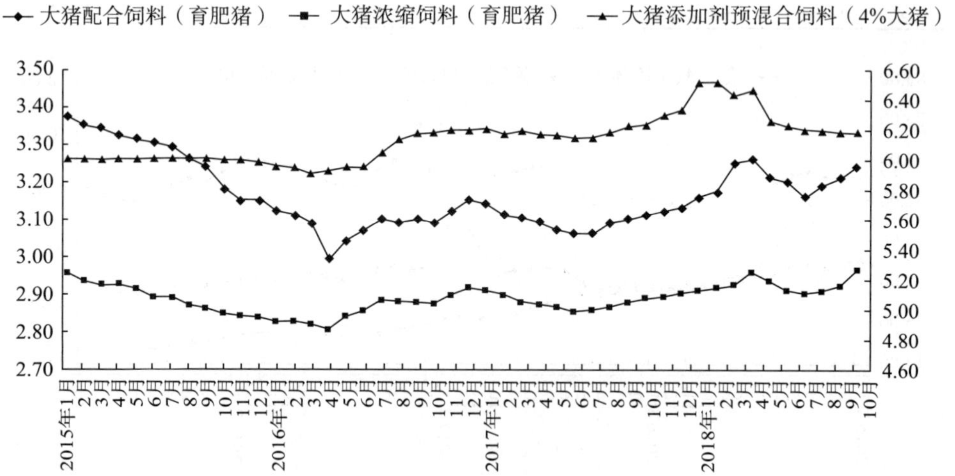

图 6　猪饲料价格走势（元/千克）

注：大猪浓缩饲料（育肥猪）和大猪添加剂预混合饲料（4%大猪）价格参考右侧刻度值

表 4　浓缩饲料和添加剂预混合饲料全国平均价格

单位：元/千克、%

项　目	浓缩饲料			添加剂预混合饲料		
	育肥猪	蛋鸡高峰	肉大鸡	4%大猪	5%蛋鸡高峰	5%肉大鸡
2018 年 10 月	5.26	3.88	4.32	6.18	5.49	5.84
环比	2.1	1.6	1.6	0.0	−0.5	0.0
同比	3.7	4.0	1.6	−0.8	−2.1	−2.8
2018 年 1～10 月	5.16	3.83	4.27	6.31	5.64	6.00
累计同比	2.4	2.1	1.2	2.1	2.9	1.2

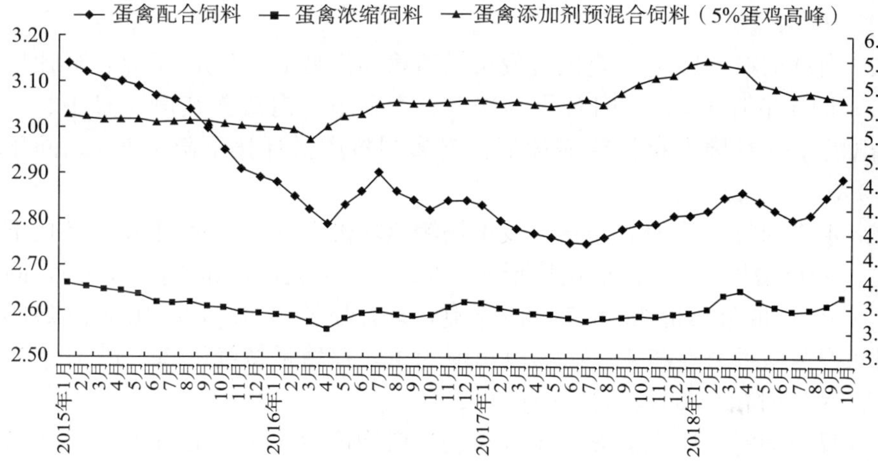

图 7　蛋禽饲料价格走势（元/千克）

注：蛋禽浓缩饲料和蛋禽添加剂预混合饲料（5%蛋鸡高峰）价格参考右侧刻度值

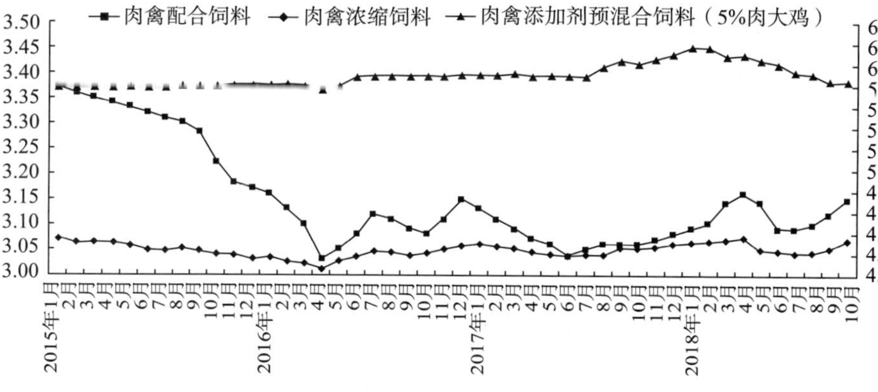

图 8　肉禽饲料价格走势（元/千克）

注：肉禽浓缩饲料和肉禽添加剂预混合饲料（5%肉大鸡）价格参考右侧刻度值

四、本月饲料和畜牧行业值得关注的情况

1. 猪饲料。10 月，全国批发市场毛猪均价为 15.69 元/千克，环比下降 0.7%，同比增长 3.0%。受非洲猪瘟疫情影响，猪饲料持续下行，10 月全国猪饲料产量同比下降 6.9%，环比增长 1.7%，增速放缓。

2. 蛋禽饲料。10 月，全国批发市场鸡蛋均价为 8.98 元/千克，环比下降 8.4%，同比增长 1.0%。10 月蛋禽养殖处于秋季生产旺季，饲料转化率高，养殖持续盈利，养殖户补栏、饲喂积极。受 9～10 月饲料产品集中性调价和 10 月长假影响，部分蛋禽养殖户提前备货，蛋禽饲料产量环比下降 1.0%，同比增长 15.3%。

3. 肉禽饲料。10 月，全国批发市场活鸡均价为 17.55 元/千克，环比增长 0.2%，同比下降 1.1%。因备货国庆节、中秋节，肉禽养殖户 9 月中、下旬集中出栏，10 月肉禽存栏明显偏低，肉禽饲料产量环比下降 2.6%，同比增长 5.3%。

4. 水产饲料。10 月，全国批发市场鲤鱼均价为 11.93 元/千克，环比下降 2.0%，同比增长 2.3%；草鱼均价为 13.82 元/千克，环比下降 1.3%，同比下降 4.6%；带鱼均价为 36.71 元/千克，环比下降 0.9%，同比增长 2.2%。10 月水产养殖季节性萎缩，市场以出塘为主，存塘量持续下降。10 月水产饲料产量环比下降 26.0%，同比增长 5.2%。

5. 反刍饲料。10 月，全国批发市场牛肉均价为 58.55 元/千克，环比增长 1.3%，同比增长 7.7%；羊肉均价为 56.41 元/千克，环比增长 1.4%，同比增长 14.4%。奶牛、肉牛、肉羊进入秋冬生产旺季阶段，产奶量小幅增长，肉牛、肉羊处于肥育高峰期，反刍饲料需求增长。10 月饲料产量环比增长 6.6%，同比增长 11.9%。

2018 年 11 月全国饲料生产形势分析

一、基本生产情况

11 月，据重点跟踪的 180 家饲料企业统计数据显示，饲料总产量环比下降 6.2%，同比下降 2.7%。非洲猪瘟疫情致生猪跨省调运持续受阻，前期疫区大猪压栏较多，叠加猪肉消费增长缓慢，猪价继续下跌走势，中小养殖户出栏增加，补栏积极性降低，饲料需求下降。11 月猪饲料产量环比下降 0.6%，同比下降 10.9%。产蛋鸡存栏量维持低位，且北方蛋鸡生产旺季逐渐结束，蛋禽饲料产量环比下降 1.4%；肉禽养殖存栏量依旧偏低，肉禽饲料产量环比下降 5.1%（图 1、图 2、图 3）。

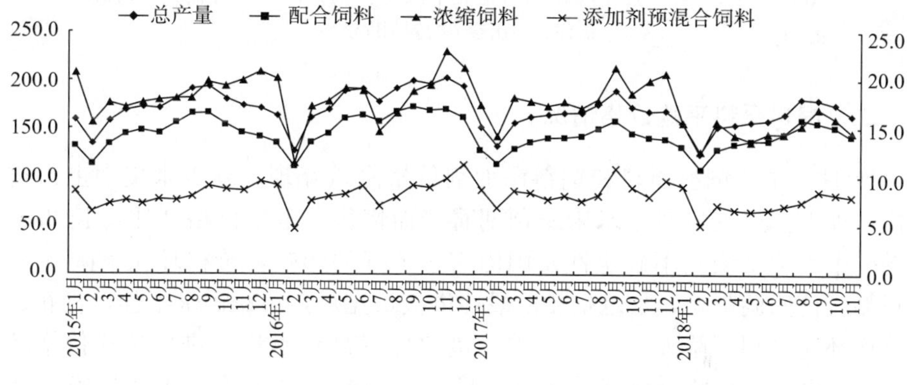

图 1　2015 年 1 月至 2018 年 11 月 180 家饲料企业产量月度走势（万吨）

注：浓缩饲料和添加剂预混合饲料参考右侧刻度值

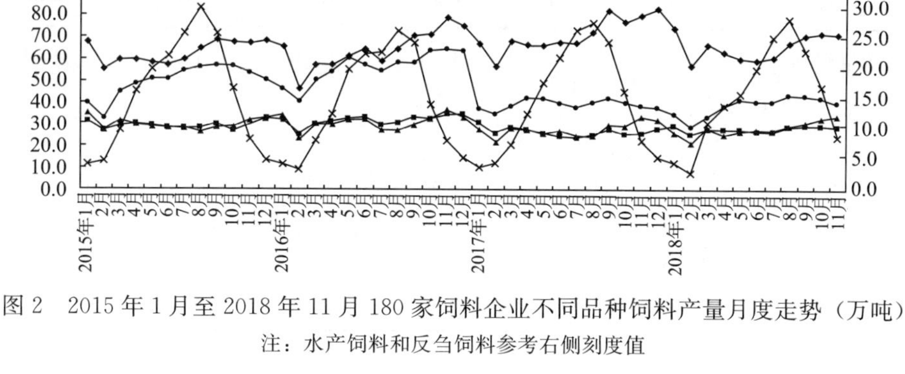

图 2　2015 年 1 月至 2018 年 11 月 180 家饲料企业不同品种饲料产量月度走势（万吨）

注：水产饲料和反刍饲料参考右侧刻度值

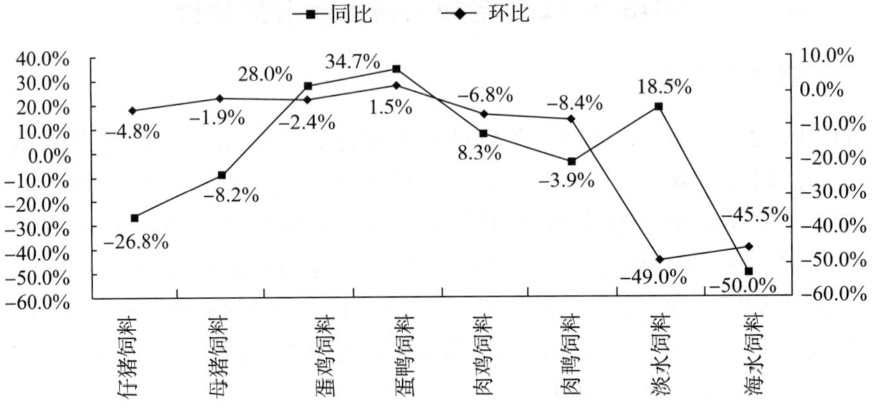

图 3　2018 年 11 月 180 家饲料企业不同品种饲料产量月度同比、环比

注：环比参考右侧刻度值

二、饲料原料采购价格情况

11 月，主要饲料原料和饲料添加剂价格涨跌互现。新玉米集中上市进度缓慢，加上基层粮户对玉米未来预期看涨而惜售，玉米价格环比增长 2.6%。豆粕受中美贸易谈判不确定性及国内需求下降的影响，价格环比下降 0.8%。受豆粕行情回调影响，加之棉粕阶段性供应量充足，菜粕需求不佳，棉粕、菜粕价格环比分别下降 0.9%、0.4%。港口库存高位承压，进口鱼粉价格环比下跌 0.5%。因玉米价格持续走强，推高氨基酸生产成本，生产厂家价格坚挺，赖氨酸、蛋氨酸价格继续上涨（表 1、表 2、图 4、图 5）。

表 1　主要饲料原料采购均价变化

单位：元/千克、%

项　目	玉米	豆粕	棉粕	菜粕	麦麸	进口鱼粉
2018 年 11 月	2.01	3.55	3.19	2.58	1.67	11.61
环比	2.6	−0.8	−0.9	−0.4	1.8	−0.5
同比	8.1	11.3	17.7	9.8	3.1	−1.4
2018 年 1～11 月	1.97	3.30	2.92	2.47	1.67	11.98
累计同比	8.8	4.1	3.9	3.3	3.1	4.7

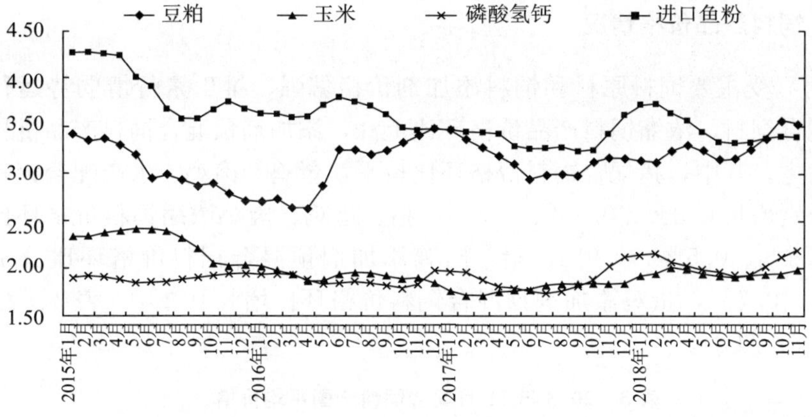

图 4　2015 年 1 月至 2018 年 11 月饲料大宗原料月度采购均价走势（元/千克）

注：进口鱼粉价格参考右侧刻度值

表 2　主要饲料添加剂采购均价变化

单位：元/千克、%

项　目	磷酸氢钙	赖氨酸（98.5%）	赖氨酸（65%）	蛋氨酸（固体）	蛋氨酸（液体）
2018 年 11 月	2.21	8.20	5.09	19.91	15.95
环比	3.3	1.6	7.6	6.4	4.5
同比	7.8	−8.5	3.5	−11.5	−17.3
2018 年 1～11 月	2.07	8.21	4.69	19.13	15.96
累计同比	10.7	−8.1	−11.5	−15.5	−17.9

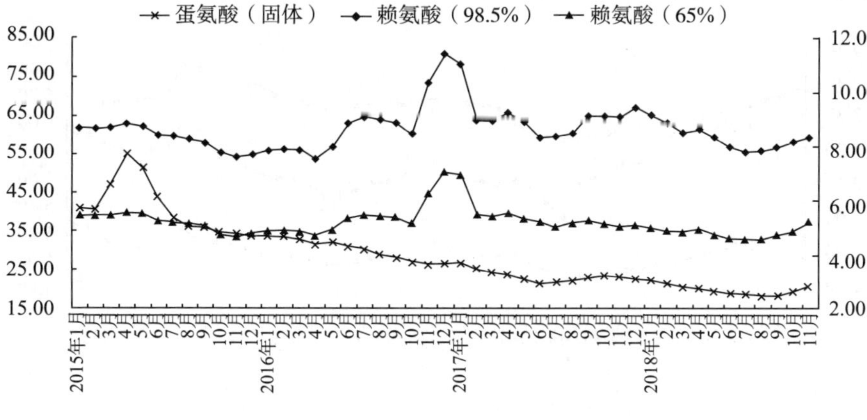

图 5　2015 年 1 月至 2018 年 11 月赖氨酸、蛋氨酸月度采购均价走势（元/千克）

注：赖氨酸（98.5%）和赖氨酸（65%）价格参考右侧刻度值

三、饲料产品价格情况

11 月，受主要饲料原料和饲料添加剂价格偏强、维生素行情弱势运行的影响，配合饲料、浓缩饲料产品价格环比上涨，添加剂预混合饲料产品价格环比以降为主。其中，猪配合饲料价格环比持平，蛋鸡、肉鸡、水产配合饲料价格环比分别增长 0.3%、0.3%、0.5%，猪、蛋鸡、肉鸡浓缩饲料价格环比分别增长 0.2%、0.5%、0.9%，猪、肉鸡添加剂预混合饲料价格环比分别下降 1.1%、0.7%，蛋鸡添加剂预混合饲料价格环比增长 0.2%（表 3、表 4、图 6、图 7、图 8）。

表 3　2018 年 11 月配合饲料全国平均价格

单位：元/千克、%

项　目	配合饲料			
	育肥猪	蛋鸡高峰	肉大鸡	鲤鱼成鱼
2018 年 11 月	3.24	2.90	3.16	4.43
环比	0.0	0.3	0.3	0.5
同比	3.8	3.9	2.9	9.1
2018 年 1~11 月	3.21	2.84	3.12	4.33
累计同比	3.5	2.2	1.6	7.7

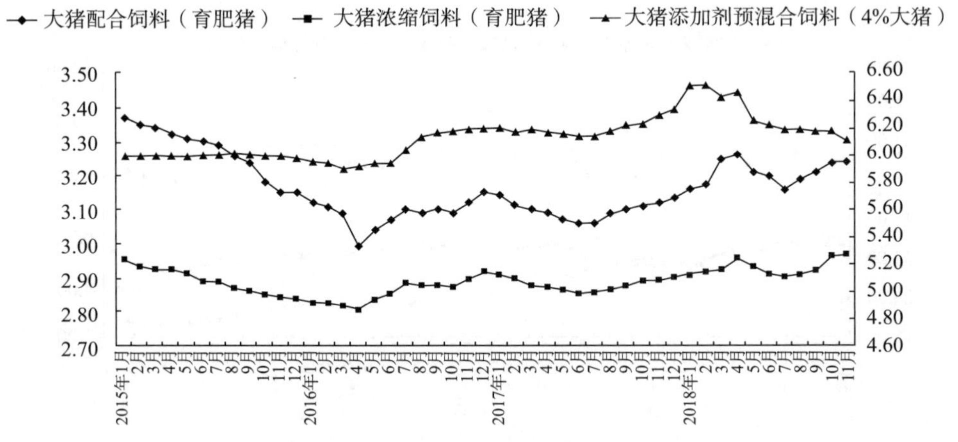

图 6　猪饲料价格走势（元/千克）

注：大猪浓缩饲料（育肥猪）和大猪添加剂预混合饲料（4%大猪）价格参考右侧刻度值

表 4　浓缩饲料和添加剂预混合饲料全国平均价格

单位：元/千克、%

项　目	浓缩饲料			添加剂预混合饲料		
	育肥猪	蛋鸡高峰	肉大鸡	4%大猪	5%蛋鸡高峰	5%肉大鸡
2018 年 11 月	5.27	3.90	4.36	6.11	5.50	5.80
环比	0.2	0.5	0.9	−1.1	0.2	−0.7
同比	3.7	4.6	2.3	−2.9	−3.0	−4.1
2018 年 1～11 月	5.17	3.84	4.28	6.29	5.63	5.98
累计同比	2.6	2.7	1.2	1.6	2.4	0.7

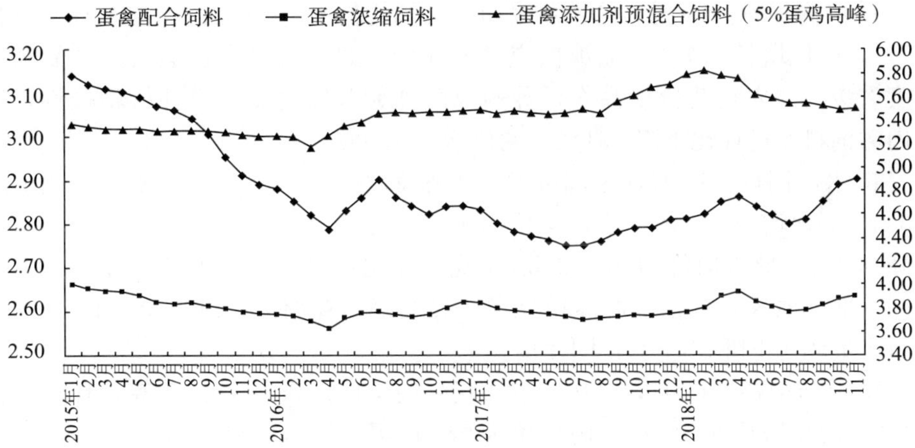

图 7　蛋禽饲料价格走势（元/千克）

注：蛋禽浓缩饲料和蛋禽添加剂预混合饲料（5%蛋鸡高峰）价格参考右侧刻度值

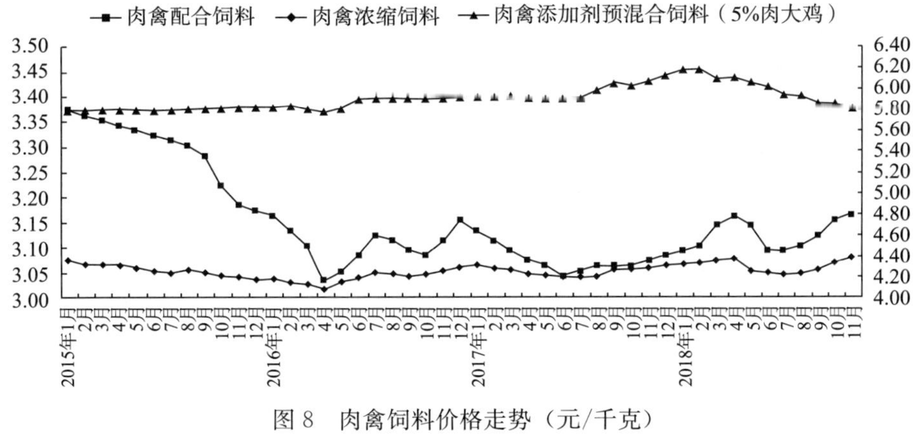

图 8　肉禽饲料价格走势（元/千克）

注：肉禽浓缩饲料和肉禽添加剂预混合饲料（5%肉大鸡）价格参考右侧刻度值

四、本月饲料和畜牧行业值得关注的情况

1. 猪饲料。11 月，全国批发市场毛猪均价为 13.57 元/千克，环比下降 3.1%，同比增长 5.1%。非洲猪瘟疫情对猪饲料的影响更为明显，11 月猪饲料产量环比下降 0.6%，同比下降 10.9%。

2. 蛋禽饲料。11 月，全国批发市场鸡蛋均价为 8.99 元/千克，环比增长 0.1%，同比增长 7.3%。随着天气转凉，多地蛋禽养殖出现病情，加之环保政策导致蛋鸡养殖成本增加和养殖户对高价补栏比较慎重，产蛋鸡存栏量持续低位。蛋禽饲料产量环比下降 1.4%，同比增长 10.2%。

3. 肉禽饲料。11 月，全国批发市场活鸡均价为 17.85 元/千克，环比增长 1.7%，同比增长 1.7%。毛鸡供应仍旧偏低，鸡肉价格高位运行，产品销售速度放缓。加之鸡苗价格高企，养殖风险加大，抑制养殖户补栏积极性，11 月肉禽饲料产量环比下降 5.1%，同比增长 4.0%。

4. 水产饲料。11 月，全国批发市场鲤鱼均价为 11.89 元/千克，环比下降 0.3%，同比增长 4.4%；草鱼均价为 13.79 元/千克，环比下降 0.2%，同比下降 3.2%；带鱼均价为 36.72 元/千克，环比持平，同比增长 5.8%。11 月全国大部分地区入冬，水产养殖规模明显萎缩，存塘量持续下降。11 月水产饲料产量环比下降 48.8%，同比增长 7.8%。

5. 反刍饲料。11 月，全国批发市场牛肉均价为 59.23 元/千克，环比增长 1.1%，同比增长 8.3%；羊肉均价为 58.82 元/千克，环比增长 4.3%，同比增长 15.3%。11 月，奶牛处于秋冬生产旺季阶段，肉牛、肉羊处于秋冬育肥及季节性出栏高峰期，反刍饲料需求增长。11 月饲料产量环比增长 3.5%，同比增长 0.9%。

2018 年 12 月全国饲料生产形势分析

一、基本生产情况

12 月，据重点跟踪的 180 家饲料企业统计数据显示，饲料总产量环比下降 1.9%，同比下降 5.0%。非洲猪瘟疫情导致疫区大猪压栏情况依然严重，母猪淘汰量继续增加，猪价偏弱调整，饲喂积极性低迷；加之南方杀年猪制作腊肉的需求和逐渐进入春节前猪肉消费高峰期，生猪出栏量增加，饲料需求下降。12 月猪饲料产量环比下降 1.6%，同比下降 15.3%。产蛋鸡存栏小幅回升，蛋禽饲料产量环比增长 6.7%；肉禽因 12 月补栏已经错过春节前出栏时间，补栏量、存栏量皆小幅下降，肉禽饲料产量环比下降 1.3%（图 1、图 2、图 3）。

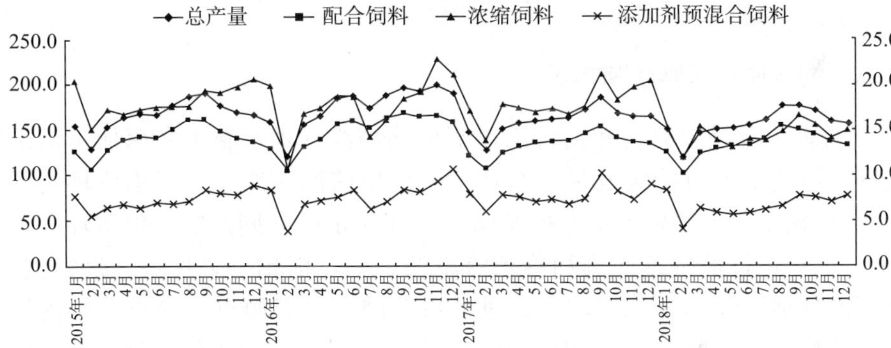

图 1　2015 年 1 月至 2018 年 12 月 180 家饲料企业产量月度走势（万吨）

注：浓缩饲料和添加剂预混合饲料参考右侧刻度值

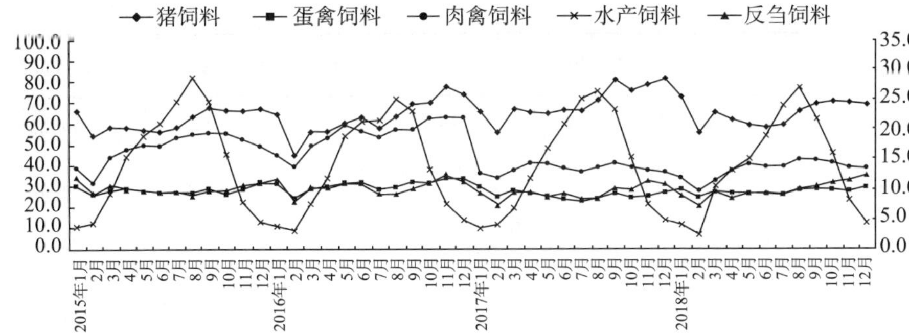

图 2　2015 年 1 月至 2018 年 12 月 180 家饲料企业不同品种饲料产量月度走势（万吨）

注：水产饲料和反刍饲料参考右侧刻度值

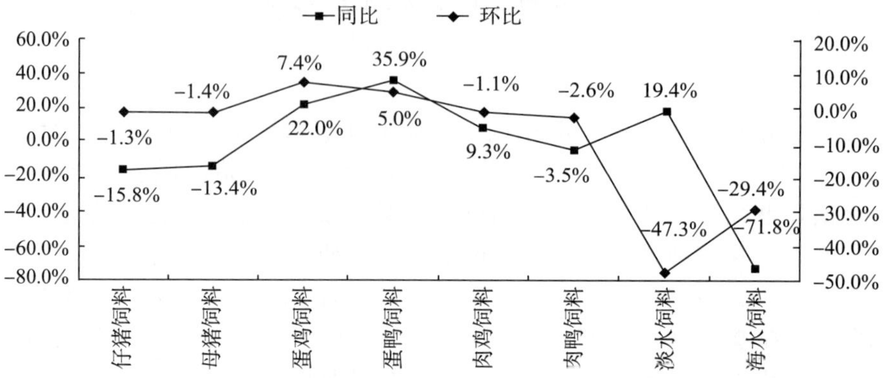

图 3　2018 年 12 月 180 家饲料企业不同品种饲料产量月度同比、环比

注：环比参考右侧刻度值

二、饲料原料采购价格情况

12 月，主要饲料原料和饲料添加剂价格涨跌互现。新玉米深加工需求保持旺盛，但新粮上市持续放量，本月玉米价格前涨后跌，月度均价环比增长 0.5%。豆粕受国内养殖需求不振及国内库存充足的共同影响，价格环比下降 5.4%。因豆粕行情持续回调和养殖淡季的影响，棉粕、菜粕缺乏价格支撑，价格环比分别下降 6.6%、5.4%。进口鱼粉因水产养殖进入淡季且国内供应充足，价格环比下降 1.1%。因养殖淡季需求不足和部分省份生猪养殖亏损影响，赖氨酸价格环比下降（表 1、表 2、图 4、图 5）。

表 1　主要饲料原料采购均价变化

单位：元/千克、%

项　目	玉米	豆粕	棉粕	菜粕	麦麸	进口鱼粉
2018 年 12 月	2.02	3.36	2.98	2.44	1.65	11.48
环比	0.5	−5.4	−6.6	−5.4	−1.2	−1.1
同比	8.0	5.3	10.4	3.4	−2.9	−8.6
2018 年 1～12 月	1.97	3.31	2.92	2.47	1.67	11.94
累计同比	8.8	4.4	4.3	3.3	3.1	3.5

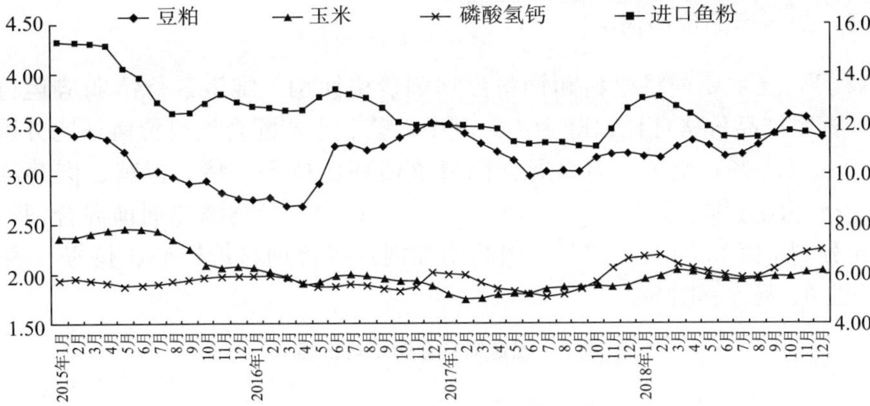

图 4　2015 年 1 月至 2018 年 12 月饲料大宗原料月度采购均价走势（元/千克）

注：进口鱼粉价格参考右侧刻度值

表 2　主要饲料添加剂采购均价变化

单位：元/千克、%

项　目	磷酸氢钙	赖氨酸（98.5%）	赖氨酸（65%）	蛋氨酸（固体）	蛋氨酸（液体）
2018 年 12 月	2.23	8.19	5.06	19.31	16.24
环比	0.9	−0.1	−0.6	−3.0	1.8
同比	4.2	−11.9	1.4	−12.1	−14.8
2018 年 1～12 月	2.08	8.21	4.72	19.14	15.99
累计同比	9.5	−8.4	−10.4	−15.2	−17.6

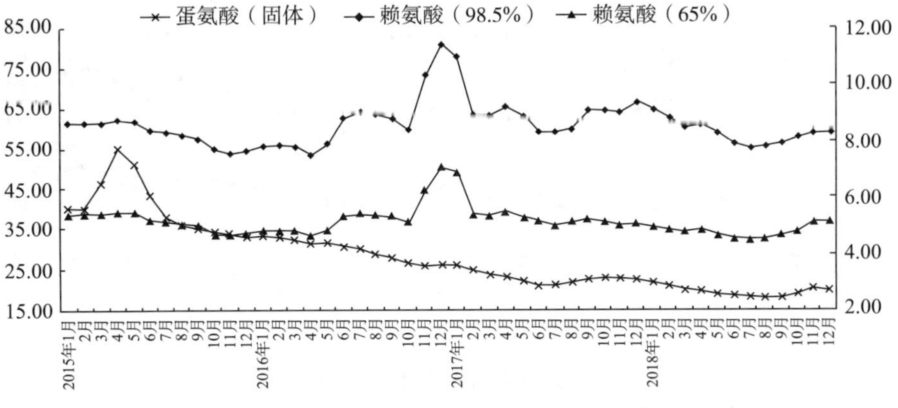

图 5　2015 年 1 月至 2018 年 12 月赖氨酸、蛋氨酸月度采购均价走势（元/千克）

注：赖氨酸（98.5%）和赖氨酸（65%）价格参考右侧刻度值

三、饲料产品价格情况

12月，受主要饲料原料和饲料添加剂价格回调、维生素行情弱势运行的影响，饲料产品价格环比以降为主。其中，猪、水产配合饲料价格环比分别下降0.3%、0.5%，蛋鸡、肉鸡配合饲料价格环比持平；猪、蛋鸡、肉鸡浓缩饲料价格环比分别下降0.4%、0.3%、0.9%；猪、蛋鸡添加剂预混合饲料价格环比分别下降0.3%、0.7%，肉鸡添加剂预混合饲料价格环比持平（表3、表4、图6、图7、图8）。

表3　配合饲料全国平均价格

单位：元/千克、%

项　目	配合饲料			
	育肥猪	蛋鸡高峰	肉大鸡	鲤鱼成鱼
2018年12月	3.23	2.90	3.16	4.41
环比	−0.3	0.0	0.0	−0.5
同比	3.2	3.6	2.6	7.8
2018年1～12月	3.21	2.85	3.13	4.34
累计同比	3.5	2.5	2.0	8.0

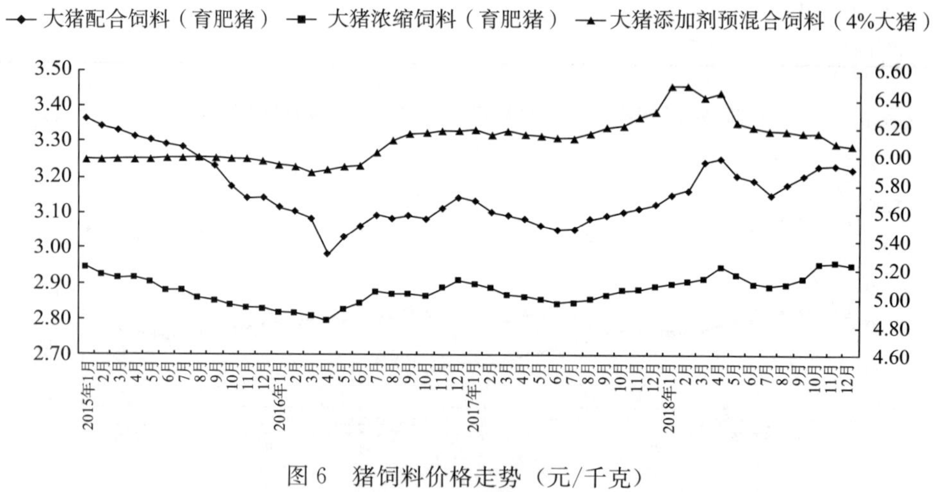

图6　猪饲料价格走势（元/千克）

注：大猪浓缩饲料（育肥猪）和大猪添加剂预混合饲料（4%大猪）价格参考右侧刻度值

表 4　浓缩饲料和添加剂预混合饲料全国平均价格

单位：元/千克、%

项　目	浓缩饲料			添加剂预混合饲料		
	育肥猪	蛋鸡高峰	肉大鸡	4%大猪	5%蛋鸡高峰	5%肉大鸡
2018 年 12 月	5.25	3.89	4.32	6.09	5.46	5.80
环比	−0.4	−0.3	−0.9	−0.3	−0.7	0.0
同比	2.9	3.7	0.7	−3.8	−4.0	−4.9
2018 年 1～12 月	5.18	3.84	4.28	6.28	5.61	5.97
累计同比	2.6	2.4	1.2	1.3	1.6	0.3

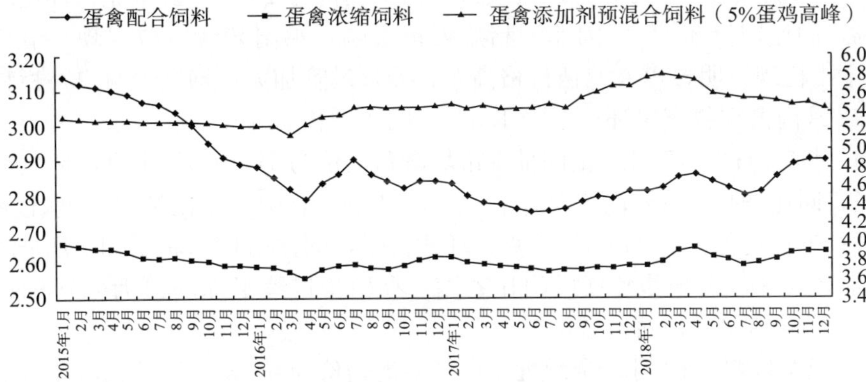

图 7　蛋禽饲料价格走势（元/千克）

注：蛋禽浓缩饲料和蛋禽添加剂预混合饲料（5%蛋鸡高峰）价格参考右侧刻度值

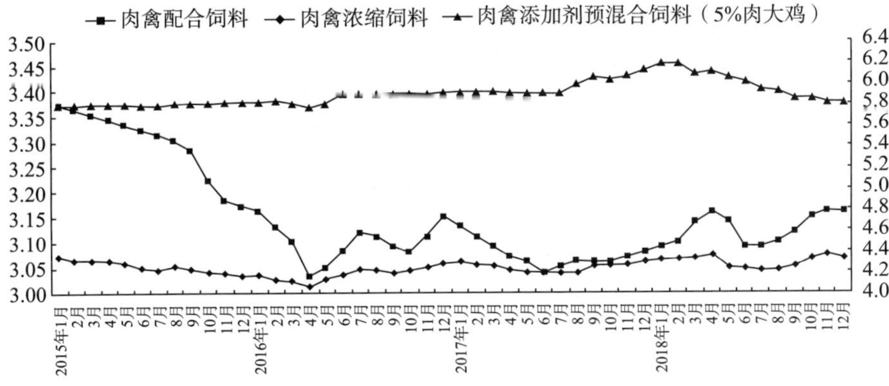

图 8　肉禽饲料价格走势（元/千克）

注：肉禽浓缩饲料和肉禽添加剂预混合饲料（5%肉大鸡）价格参考右侧刻度值

四、本月饲料和畜牧行业值得关注的情况

1. 猪饲料。12 月，全国批发市场毛猪均价为 13.90 元/千克，环比下降 4.6%，同比下降 11.6%。随着非洲猪瘟疫情的大面积爆发，对猪饲料影响继续加深，猪饲料再度出现大幅下降，12 月猪饲料产量环比下降 1.6%，同比下降 15.3%。

2. 蛋禽饲料。12 月，全国批发市场鸡蛋均价为 8.73 元/千克，环比下降 2.9%，同比下降 4.0%。随着蛋禽养殖整体复苏，产蛋期蛋禽存栏回升加之天气转凉，产蛋率下降，饲料需求增加。12 月，蛋禽饲料产量环比增长 6.7%，同比增长 9.1%。

3. 肉禽饲料。12 月，全国批发市场活鸡均价为 18.52 元/千克，环比增长 3.8%，同比增长 8.1%。因非洲猪瘟疫情影响，鸡肉替代效应浮现、节日备货集中出栏现象明显以及鸡苗价格高企，养殖风险加大，抑制养殖户补栏积极性。12 月肉禽饲料产量环比下降 1.3%，同比增长 4.6%。

4. 水产饲料。12 月，全国批发市场鲤鱼均价为 12.03 元/千克，环比增长 1.1%，同比增长 4.3%；草鱼均价为 13.79 元/千克，环比持平，同比下降 3.0%；带鱼均价为 36.71 元/千克，环比持平，同比增长 3.9%。12 月全国大部分地区入冬，水产养殖规模明显萎缩，存塘量持续下降。12 月水产饲料产量环比下降 45.8%，同比增长 8.2%。

5. 反刍饲料。12 月，全国批发市场牛肉均价为 60.35 元/千克，环比增长 1.9%，同比增长 8.6%；羊肉均价为 60.82 元/千克，环比增长 3.4%，同比增长 15.8%。12 月，奶牛处于秋冬生产旺季阶段，肉牛、肉羊处于秋冬育肥及季节性出栏高峰期，反刍饲料需求增长。12 月饲料产量环比增长 6.0%，同比增长 12.7%。

图书在版编目（CIP）数据

中国饲料工业统计. 2018 / 农业农村部畜牧兽医局，全国畜牧总站，中国饲料工业协会编. —北京：中国农业出版社，2019. 5
ISBN 978-7-109-25472-5

Ⅰ. ①中… Ⅱ. ①农… ②全… ③中… Ⅲ. ①饲料工业—统计资料—中国—2018 Ⅳ. ①F326. 3-66

中国版本图书馆 CIP 数据核字（2019）第 083172 号

中国农业出版社出版
（北京市朝阳区麦子店街 18 号楼）
（邮政编码 100125）
责任编辑 汪子涵

中农印务有限公司印刷 新华书店北京发行所发行
2019 年 5 月第 1 版 2019 年 5 月北京第 1 次印刷

开本：720mm×960mm 1/16 印张：7.5 插页：2
字数：200 千字
定价：150.00 元

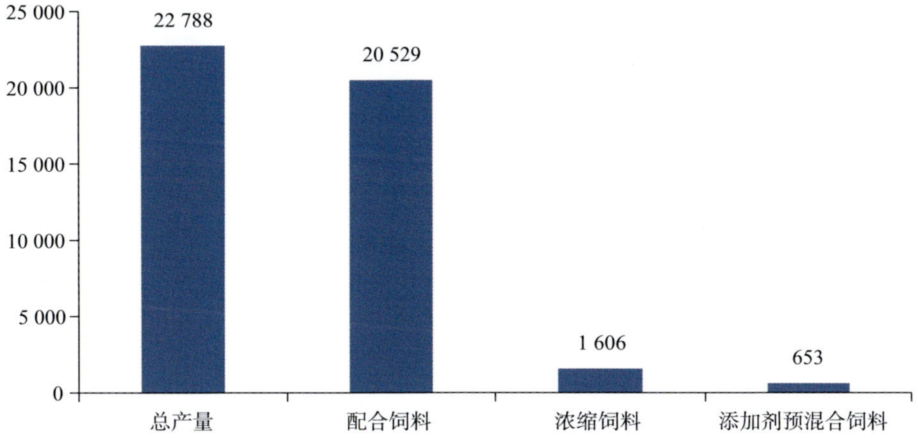

图 1　2018 年全国饲料产品生产情况（万吨）

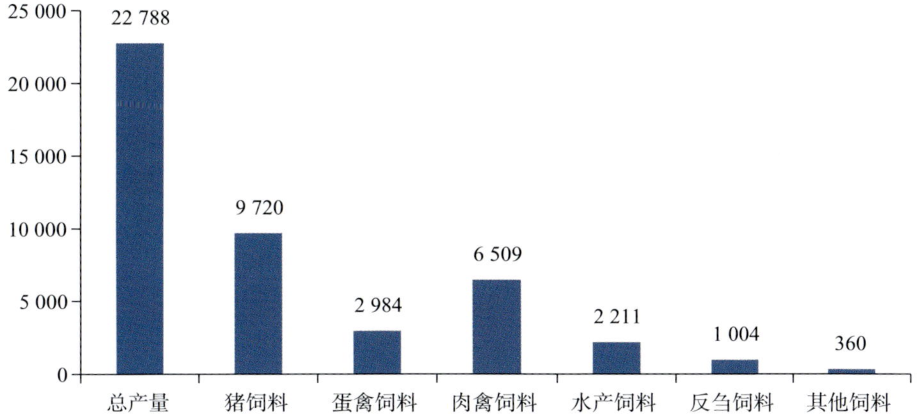

图 2　2018 年全国饲料产品主要品种生产情况（万吨）

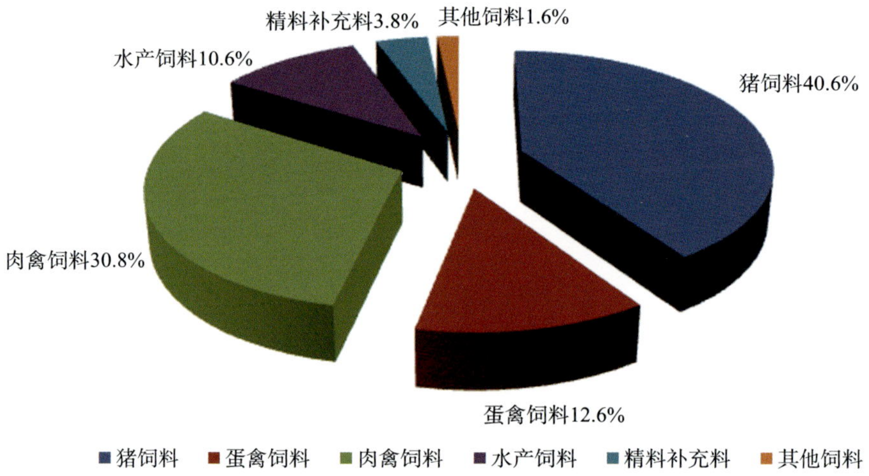

图3　2018年配合饲料产品结构

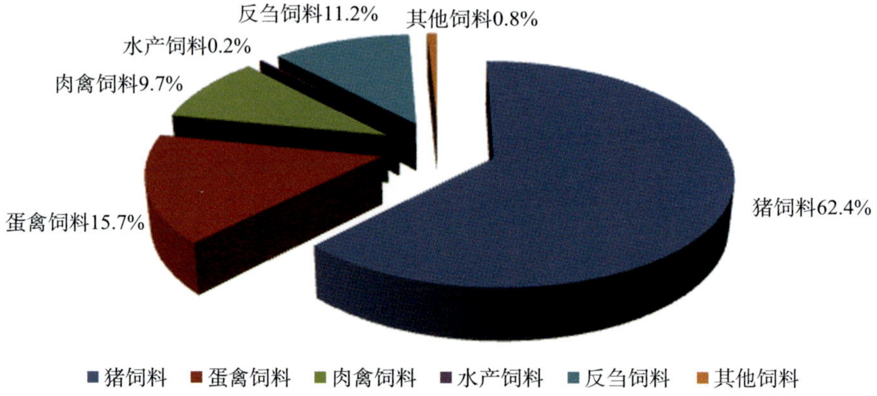

图4　2018年浓缩饲料产品结构

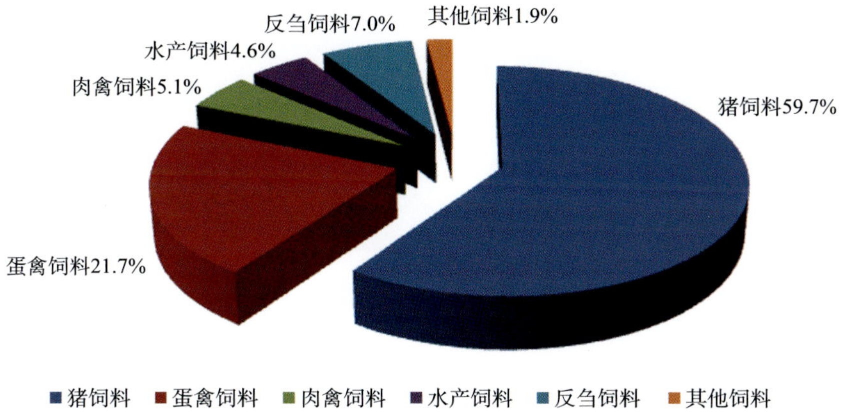

图 5　2018 年添加剂预混合饲料产品结构

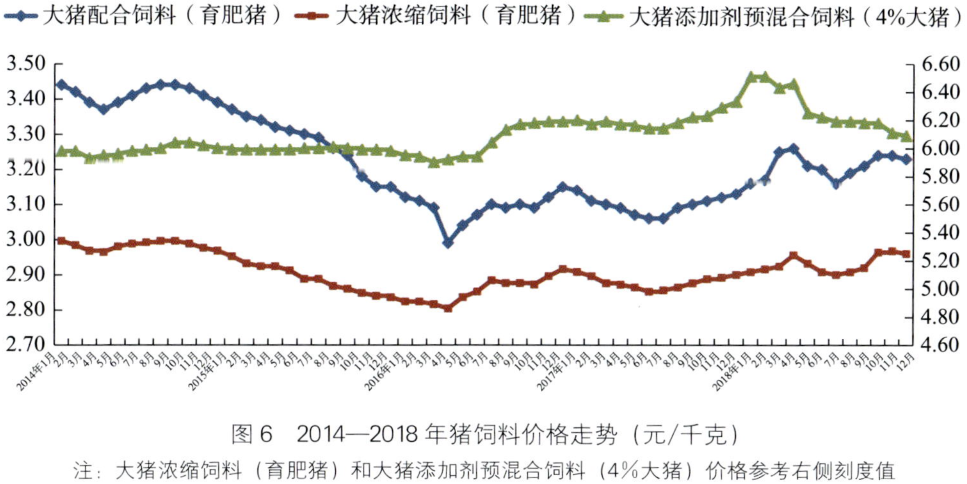

图 6　2014—2018 年猪饲料价格走势（元/千克）

注：大猪浓缩饲料（育肥猪）和大猪添加剂预混合饲料（4%大猪）价格参考右侧刻度值

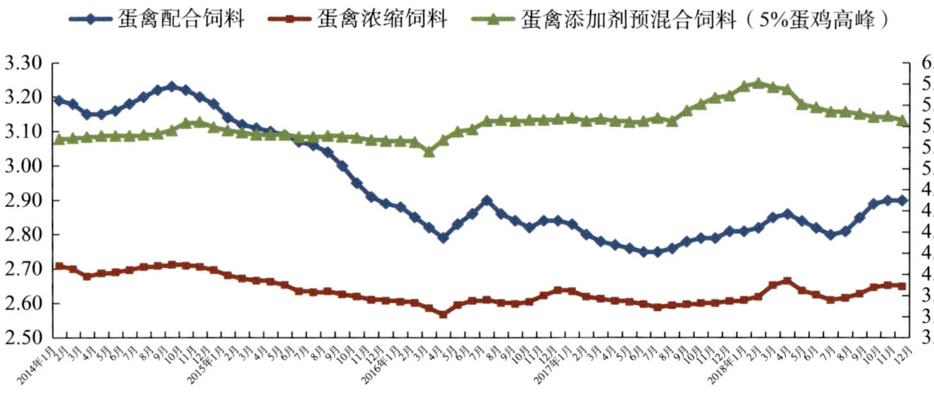

图 7　2014—2018 年蛋禽饲料价格走势（元/千克）

注：蛋禽浓缩饲料和蛋禽添加剂预混合饲料（5%蛋鸡高峰）价格参考右侧刻度值

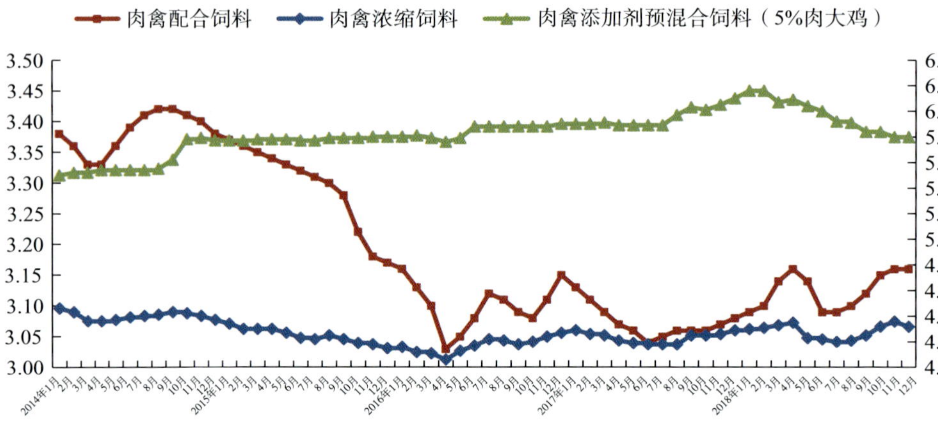

图 8　2014—2018 年肉禽价格走势（元/千克）

注：肉禽浓缩饲料和肉禽添加剂预混合饲料（5%肉大鸡）价格参考右侧刻度值